Maria – Das geistliche Lesebuch

Maria

Das geistliche Lesebuch

benno

Bibliografische Information der Deutschen Bibliothek
Die Deutsche Bibliothek verzeichnet diese Publikation
in der Deutschen Nationalbibliografie;
detaillierte bibliografische Daten sind im Internet
über http://dnb.ddb.de abrufbar.

Besuchen Sie uns im Internet unter:
www.st-benno.de

ISBN 978-3-7462-2663-7

St. Benno-Verlag GmbH
04159 Leipzig, Stammerstr. 11
Zusammengestellt von Volker Bauch
Umschlaggestaltung: Ulrike Vetter, Leipzig, unter Verwendung eines
Motivs von Marc Chagall, Chapelle des Cordeliers, Glasfenster 1974,
La Nativité, Detail © VG Bild-Kunst, Bonn 2009
Gesamtherstellung: Kontext, Lemsel (A)

Inhalt

Maria, Mutter Gottes

Schon der Evangelist Lukas hat in Maria das Urbild des glaubenden Menschen gesehen. Maria sagt Ja zur Botschaft des Engels. Sie lässt sich auf Gottes Wege mit ihr ein. Sie hält Gott ihren Schoß hin, damit Sein Wort in ihr Fleisch werden kann. Die frühe Kirche hat in Maria nicht nur das Vorbild des Glaubens gesehen, sondern auch das Urbild des erlösten Menschen. Alles, was die Kirche an Maria preist, ist letztlich ein Loblied auf Gottes heilendes und befreiendes Tun an uns Menschen. Die Lieder über Maria haben etwas Spielerisches an sich. Und sie sind voller Poesie. Die Lieder besingen Maria, doch Maria ist Spiegel für Gottes Handeln an uns. Maria wird immer wieder als die gepriesen, die ohne Sunde geboren wurde. Wenn wir auf Maria schauen, entdecken wir auch in uns den lauteren und reinen Kern, zu dem die Sünde keinen Zutritt hat. Dort, wo Christus in uns wohnt, dort sind wir heilig und makellos, unversehrt von der Sünde wie Maria.

Seit jeher hat die Verkündigung des Engels an Maria, wie sie uns Lukas beschreibt, die Künstler fasziniert.

Dem Engel verdanken wir das wohl am meisten vertonte Marienlied, das Ave Maria.
Wir begrüßen mit dem Engel Maria und meditieren in Maria Gottes Segen und Gnade, die auch uns gelten. In Maria sind auch wir gesegnet. Gott ist mit uns. Es ist ein zärtlicher, liebender, mütterlicher Gott, der uns in diesem Gruß des Engels begegnet.
Dem Evangelisten Lukas verdanken wir die schönsten Marienfeste.
Mariä Lichtmess: Maria trägt Christus, das Licht, in den Tempel unseres Leides. Mariä Verkündigung: Wenn wir, wie Maria, Gott unseren Schoß hinhalten, wird Christus auch in uns Fleisch annehmen. Mariä Heimsuchung: Maria zeigt uns das Geheimnis der Begegnung. In jedem Menschen begegnen wir der Mutter unseres Herrn. Mariä Himmelfahrt: Wie Maria werden auch wir im Tod mit Leib und Seele zu Gott kommen.
Unser Leib hat in Maria eine göttliche Würde bekommen. Gott hat alles gut gemacht. Das feiern wir an den Marienfesten.

Anselm Grün

Maria

Gebenedeit bist du,
weil du dem Wort Gottes geglaubt hast,
weil du auf seine Verheißung gehofft hast,
weil du die Liebe vollkommen gelebt hast,
weil du voll Liebe zu Elisabet geeilt bist,
weil du deine mütterliche Güte in Betlehem erwiesen hast,
weil du in der Verfolgung ausgehalten hast,
weil du Jesus voll Ausdauer im Tempel gesucht hast,
weil du in Nazaret ein einfaches Leben geführt hast,
weil du in Kana das Wort an Jesus gerichtet hast,
weil du als Mutter unter dem Kreuz standgehalten hast,
weil du die Auferstehung vertrauensvoll erwartet hast,
weil du zum Pfingstfest den Geist herabgefleht hast,
weil du glorreich in den Himmel aufgenommen worden bist,
weil du der Kirche deinen mütterlichen Schutz gewährst,
weil du immerfort für alle Menschen da bist.

Papst Johannes Paul II.

Ave Maria

Ave Maria

Ave Maria,
gratia plena,
Dominus tecum.
Benedicta tu in mulieribus,
et benedictus fructus
ventris tui, Iesus.

Sancta Maria, Mater Dei,

ora pro nobis peccatoribus, nunc et in hora
mortis nostrae.
Amen.

Gegrüßet seist du,
Maria, voll der Gnade.
Der Herr ist mit dir.
Du bist gebenedeit unter
den Frauen,
und gebenedeit ist die
Frucht deines Leibes,
Jesus.
Heilige Maria, Mutter
Gottes,
bitte für uns Sünder,
jetzt und in der Stunde
unseres Todes.
Amen.

Gedanken zum Ave Maria

Maria, mit dem Gruß des Engels tritt Gott in dein Leiben. Neues beginnt, Großartiges: Du bist **gegrüßet** mit einem Jubelruf: Freue dich, Maria, freue dich, Kirche, freue dich Menschheit!
Du bist angesprochen, du bist von Gott gerufen, du bist notwendig.
Maria, du bist, was dein Name sagt: von Gott geliebt, für uns Hoffnung, Orientierung, Wegweisung.
Du bist **voll der Gnade,** voll der Kraft Gottes, voll seiner Barmherzigkeit. Nicht irgendetwas ist dir von Gott geschenkt, sondern er selbst, sein Heiliger Geist wirkt in dir. Sein Wort wird in dir Wirklichkeit, Leben, ein Mensch: dein Sohn – Gottes Sohn.
Denn **der Herr**, dein und unser Herr des Lebens, der Herr der Welt, der Zeit und des Universums, der Herr aller Mächte und Gewalten,
er **ist mit dir,** wie die Propheten es angekündigt haben: Jahwe, Gott mit uns, Gott, der uns nicht alleine lässt, Gott, der mit uns geht, der mit uns leidet, mit uns stirbt, damit wir mit ihm auferstehen. Er ist mit dir, Maria, und er ist mit uns.

Deshalb stimmen wir ein in den Ruf Elisabets: **Du bist gebenedeit unter den Frauen,** weil die Fülle der Zeit gekommen war, weil die Menschwerdung Gottes begann, unsere Erlösung, du von Gott Gesegnete, um als Frau seine Güte und Menschenfreundlichkeit in diese Welt zu tragen,
denn **gebenedeit ist die Frucht deines Leibes, Jesus,** Gottes leibhaftiger Sohn, dein leibhaftiger Sohn, unser Erlöser, unser Heiland, unser Retter.
Gott allein ist heilig, sagt die Heilige Schrift. Dich preisen wir als **heilig, Maria,** weil du ganz von Gottes Geist erfüllt wurdest und weil du dich ganz auf seine Heilsbotschaft eingelassen und der Menschheit den Heiland geschenkt hast und so **Mutter Gottes** geworden bist und unsere Mutter.
Bitte für uns, die du voll der Gnade schon auf Erden gelebt hast, die du ganz eins warst mit deinem Sohn und er mit dir. Wie sollte diese Gemeinschaft im Tod zerbrechen? Wer sollte für uns im Himmel bei deinem Sohn eine bessere Fürsprecherin sein als du, seine und unsere Mutter!
Deshalb bitte für uns, die wir **Sünder** sind, weil wir uns immer wieder von Gott trennen, ihn vergessen, die wir gegen seinen Willen handeln und unser Leben gottlos gestalten.

Bitte für uns **jetzt,** wo wir unseren irdischen Lebensweg gehen mit so viel Dunkelheit und Hoffnung, mit so viel Leid und so vielen Sehnsüchten,
aber bitte für uns auch **in der Stunde unseres Todes,** wenn alles menschliche Planen und Mühen ein Ende hat, wenn niemand mehr mit uns gehen kann, gerade dann bitte du für uns bei deinem Sohn, dass er uns aufnehme in seine himmlische Herrlichkeit, wo wir dann auch mit dir verbunden sein werden ohne Ende.
Das erbitten wir.
Amen.
Darauf hoffen wir.
Amen.
Daran glauben wir.
Amen.

Prälat Dr. Heiner Koch

Wer bist du, Maria?

Mit großem Glauben hast du empfangen und wirst bald Mutter. Der dich erschaffen hat, wird in dir gezeugt.
Woher kommt dir eine solche Auszeichnung?
Der dich geschaffen, wird Mensch in dir: Das Wort Gottes, durch das Himmel und Erde und alle Dinge entstanden sind, wird Mensch in dir und hört nicht auf, Gott zu sein.
Als es empfangen wurde, warst du Jungfrau; als es geboren wurde, bliebst du Jungfrau.
Gestattest du mir, dass ich dir diese Fragen stelle und dich in der Zurückgezogenheit etwas störe?
Errötend gibst du mir zur Antwort:
Höre den Gruß des Engels, und glaube an das Heil, das aus mir hervorgeht; glaube an den, an den ich geglaubt habe.

Augustinus von Hippo

Ave Maria

Mit großer Liebe und Ehrfurcht spreche ich diese so schlichten und gleichzeitig so wundervollen Worte aus. Niemand wird dich je in einer wunderbareren Weise grüßen können, als es damals der Engel bei der Verkündigung getan hat! Gegrüßet seist du, Maria, voll der Gnade, der Herr ist mit dir. Diese Worte wiederhole ich, die so viele Herzen in aller Welt in sich tragen und so viele Lippen bekennen. Wir alle wissen, dass dies die Worte sind, mit denen Gott selbst durch seinen Boten dich gegrüßt hat, dich, die Frau, die im Garten Eden uns versprochen und von Ewigkeit her erwählt als Mutter des Wortes, Mutter der göttlichen Weisheit, Mutter des Gottessohnes.

Papst Johannes Paul II.

Ich grüße Dich Maria

Ich grüsse dich, Maria, Mutter Gottes, verehrt vom ganzen Universum, Licht, das niemals verlöscht, du, aus der die Sonne der Gerechtigkeit hervorgegangen ist, Zepter der Wahrheit, unzerstörbarer Tempel. Ich grüsse dich, Maria, Wohnung desjenigen, den kein Ort einschliessen kann, du, die du eine Ähre hervorgebracht hast, die niemals verwelkt.
Durch dich haben die Hirten Gott Ehre erwiesen, durch dich ist gesegnet, der da kommt im Namen des Herrn. Durch dich ist die Dreifaltigkeit verherrlicht, durch dich wird das Kreuz im ganzen Universum angebetet. Durch dich frohlocken die Himmel, durch dich wurde die gefallene Menschheit wiederaufgerichtet. Durch dich hat die ganze Welt endlich die Wahrheit erfahren. Durch dich wurden auf der ganzen Erde Kirchen gegründet. Durch dich hat der einzige Sohn Gottes sein Licht ausgestrahlt über die, die im Finstern, im Schatten des Todes waren. Durch dich konnten die Apostel den Nationen das Heil verkünden.
Wie sollen wir würdig deinen Ruhm verkünden, Mutter Gottes, durch die die ganze Erde vor Freude erbebt?

Cyrill von Alexandrien

Das Ave Maria beten

Die Gebete zu Maria sind Gebete der letzten Zuflucht. Es sind dies die wahren Gebete in der höchsten Not. Es gibt kein einziges, hörst du, in der ganzen Liturgie, das der jämmerlichste Sünder wirklich beten könnte. Im Heilsgeschehen ist das „Ave Maria“ das Gebet der letzten Zuflucht. Mit ihm kann man nicht verloren gehen.

Charles Péguy

Sei gegrüßt

Sei gegrüßt, du unversehrte Mutter, durch die unsere Freude aufleuchtet.
Sei gegrüßt, die Adam vom Sturz aufrichtet und Eva die Tränen trocknet.
Sei gegrüßt, du Lösegeld für die ganze Menschheit.
Sei gegrüßt, du Hafen für die Seele.
Sei gegrüßt, du Wegweiserin der Gläubigen zur Wahrheit.
Sei gegrüßt, du Wiederaufrichtung der Menschen.
Sei gegrüßt, du Blume, die nie verwelkt.
Sei gegrüßt, du Liebe, die jedes Sehnen übertrifft.
Sei gegrüßt, du unversehrte Mutter.
Sei gegrüß, du Gefäß der Weisheit.
Sei gegrüßt, du Hoffnung auf die ewigen Güter.
Sei gegrüßt, du Eingangstor zur Seligkeit.
Sei gegrüßt, du Strahl der göttlichen Sonne.
Sei gegrüßt, du Blitz, der die Seelen erleuchtet.
Sei gegrüßt, du Leben voller mystischer Wonne.
Sei gegrüßt, du Zelt Gottes und des Wortes.
Sei gegrüßt, du meines Leibes Heilung und meiner Seele Rettung. Du unversehrte Mutter.

Franz Courth

Maria – Gottesgebärerin

Gegrüßet seist du, Maria, Urheberin des Lebens; du hast das Heil wiederaufgebaut; den Tod überwunden, die Schlange zertrete, nach der sich Eva, von Stolz gebläht, erhobenen Hauptes ausgestreckt.
Du hast sie zertrete, da du gebarst den Gottessohn, durch den Heiligen Geist dir eingehaucht. – Sei gegrüßt, du süßeste, du liebevolle Mutter! Du hast der Welt deinen Sohn geboren, vom Himmel gesandt, dir eingehaucht durch Gottes Heiligen Geist.

Hildegard von Bingen

Ave Maria, gratia plena

„Ave Maria, gratia plena." So grüßt' der Engel die Jungfrau Maria, da er von dem Herrn die Botschaft bracht.
„Siehe, du sollst einen Sohn empfangen; danach trägt Himmel und Erde Verlangen, dass du die Mutter des Herrn sollst sein."
„Engel, sag an, wie soll das nur werden, da ich kein'n Mann erkenne auf Erden, in dieser Welt so weit und breit?"
„Der Heilge Geist wird über dich kommen, gleichwie der Tau kommt über die Blumen; also will Gott geboren sein."
Maria hört' des Höchsten Begehren. Sie sprach: „Ich bin die Magd des Herren, nach deinem Wort geschehe mir."
Nun wolln wir danken, preisen und loben den Herrn im Himmel so hoch da droben, dass er uns all erlöset hat.

Nach Paderborn 1617

Mutter unsres Herrn

Maria, Mutter unsres Herrn,
o Himmelspfort, o Meeresstern,
hilf der bedrängten Christenheit
auf ihrem Wege durch die Zeit.

Ein Staunen die Natur erfasst,
dass du den Herrn geboren hast,
den Herrn und Schöpfer aller Welt,
der dich erschaffen und erwählt.

So trat der Engel bei dir ein:
„Gegrüßet seist du, Jungfrau rein."
„Ave Maria" singen wir,
„sei benedeit, Gott ist mit dir."

O Mutter, reich an Güt und Huld,
erbarme dich: wir sind in Schuld.
Steh du uns bei an Gottes Thron
und zeig uns Jesus, deinen Sohn.

Hymnus „Alma Redemptoris Mater"

Sei gegrüßt

Sei gegrüßt, Maria, heilige Mutter Gottes!
Sei gegrüßt, du der Schöpfung kostbarer Schatz!
Sei gegrüßt, du nie verlöschendes Licht!
Sei gegrüßt, du der Jungfräulichkeit der Krone!
Sei gegrüßt, du Wohnung, du unzerstörbarer Tempel, du Haus dessen, den keine Räume je fassen!
Sei gegrüßt, Heilige!
Du hast den Unermesslichen im jungfräulichen Schoße umfangen!
Sei gegrüßt, denn aus dir ging hervor, der den Tod besiegte, der unsere Sünde gesühnt hat!
Aus dir ging das Licht auf vor uns, die wir in Nacht und Todesschatten wandelten.
Sei gegrüßt, denn durch dich wird der Dreifaltige Gott über den Erdkreis hin angebetet und verherrlicht!
Wer könnte nach Gebühr dich, Vielgepriesene, preisen? Dich: Mutter und Jungfrau!

Cyrill von Alexandrien

Maria, Stern der Hoffnung

Mit einem Hymnus aus dem 8./9. Jahrhundert grüßt die Kirche seit mehr als 1000 Jahren Maria, die Mutter des Herrn, als „Meeresstern“: Ave maris stella.

Menschliches Leben bedeutet Unterwegssein. Zu welchem Ziel? Wie finden wir die Straße des Lebens? Es erscheint wie eine Fahrt auf dem oft dunklen und stürmischen Meer der Geschichte, in der wir Ausschau halten nach den Gestirnen, die uns den Weg zeigen.

Die wahren Sternbilder unseres Lebens sind die Menschen, die recht zu leben wussten. Sie sind Lichter der Hoffnung. Gewiss, Jesus Christus ist das Licht selber, die Sonne, die über allen Dunkelheiten der Geschichte aufgegangen ist. Aber wir brauchen, um zu ihm zu finden, auch die nahen Lichter – die Menschen, die Licht von seinem Licht schenken und so Orientierung bieten auf unserer Fahrt. Und welcher Mensch könnte uns mehr als Maria Stern der Hoffnung sein – sie, die mit ihrem Ja Gott selbst die Tür geöffnet hat in unsere Welt; sie, die zur lebendigen Bundeslade wurde, in der Gott Fleisch annahm, einer von uns geworden ist, unter uns „zeltete“ (vgl. Joh 1,14)?

Darum rufen wir zu ihr: Heilige Maria, du ... empfingst

das Wort: „Frau, siehe da dein Sohn" (Joh 19,27). Vom Kreuz her empfingst du eine neue Sendung. Vom Kreuz her wurdest du auf neue Weise Mutter: Mutter für alle, die deinem Sohn Jesus glauben und ihm folgen wollen. ...
In der Stunde zu Nazaret hatte der Engel zu dir auch gesagt: „Seines Reiches wird kein Ende sein" (Lk 1,33). War es zu Ende, bevor es begonnen hatte? Nein, beim Kreuz warst du von Jesu eigenem Wort her zur Mutter der Glaubenden geworden. ... Das „Reich" Jesu war anders, als die Menschen es hatten erdenken können. Es begann in jener Stunde, und dieses „Reiches" wird kein Ende sein. So bleibst du inmitten der Jünger als ihre Mutter, als Mutter der Hoffnung.

Heilige Maria,
Mutter Gottes, unsere Mutter,
lehre uns mit dir glauben
und hoffen und lieben.
Zeige uns den Weg zu seinem Reich.
Stern des Meeres,
leuchte uns und führe uns
auf unserem Weg!

Benedikt XVI., Spe salvi

Meerstern, sei gegrüßet

Meerstern, sei gegrüßet, Gottes hohe Mutter, allzeit reine Jungfrau, selig Tor zum Himmel.

Du nahmst an das AVE aus des Engels Munde. Wend den Namen EVA, bring uns Gottes Frieden.

Zeige dich als Mutter, denn dich wird erhören, der auf sich genommen, hier dein Sohn zu werden.

Jungfrau ohnegleichen, Gütige vor allen, uns, die wir erlöset sind, mach auch rein und gütig.

Lös der Schuldner Ketten, mach die Blinden sehend, allem Übel wehre, jeglich Gut erwirke.

Gib ein lautres Leben, sicher uns geleite, dass wir einst in Freuden Jesus mit dir schauen.

Lob sei Gott dem Vater, Christ, dem Höchsten, Ehre und dem Heilgen Geiste: dreifach eine Preisung.

Nach „Ave maris stella" 9. Jh.

Ave Maria zart

Ave Maria zart, du edler Rosengart,
lilienweiß, ganz ohne Schaden,
ich grüße dich zur Stund mit Gabrielis Mund:
Ave, die du bist voller Gnaden.

Du hast des Höchsten Sohn, Maria rein und schön,
in deinem keuschen Schoß getragen,
den Heiland Jesus Christ, der unser Retter ist
aus aller Sünd und allem Schaden.

Denn nach dem Sündenfall wir warn verstoßen all
und sollten ewig sein verloren.
Da hast du, reine Magd, wie dir vorhergesagt,
uns Gottes Sohn zum Heil geboren.

Darum, o Mutter mild, befiehl uns deinem Kind,
bitt, dass es unser Sünd verzeihe,
endlich nach diesem Leid die ewig Himmelsfreud
durch dich, Maria, uns verleihe.

Johann Georg Braun

Heilige Herrin

Sei gegrüßt, heilige Herrin, hochheilige Königin,
Gottesmutter Maria,
die du in Ewigkeit Jungfrau bist,
erwählt vom heiligsten Vater im Himmel,
die er geweiht hat mit seinem heiligsten geliebten
Sohn
und dem Geist, dem Tröster,
in der alle Fülle der Gnade und alles Gut war und
noch ist.
Sei gegrüßt, du sein Palast.
Sei gegrüßt, du sein Zelt.
Sei gegrüßt, du sein Gewand.
Sei gegrüßt, du seine Magd.
Sei gegrüßt, du seine Mutter.

Franz von Assisi

Gruß dir, Mutter

Gruß dir, Mutter, in Gottes Herrlichkeit,
Mutter Gottes, Mutter der Christenheit,
Stern der Hoffnung und Quell der Seligkeit.
Gruß dir, Mutter, reich an Barmherzigkeit

Du, Maria, bist Gottes treue Magd,
hast auf sein Wort im Glauben Ja gesagt.
Selig bist du, weil du ihm ganz vertraut,
du Magd des Herrn, du Mutter und du Braut.

Gruß dir, Jungfrau, du Gottes heilges Zelt.
In deinem Schoss barg sich der Herr der Welt,
der herrscht zur Rechten auf des Vaters Thron;
der Schöpfung Herr und König ward dein Sohn.

Hilf, o Mutter, Zuflucht in allem Leid,
sei unser Trost und Quelle der Fröhlichkeit.
Auf Gottes Wort lass gläubig uns vertraun,
bis wir mit dir den Herrn im Lichte schaun.

Nach „Salve, mater misericordiae" 14. Jh.

Marienlob aus Ostafrika

Gruß dir, Gnadenvolle.
Ich suche einen afrikanischen Maler,
der mir eine schwarze Madonna malt –
die Jungfrau mit dem schönen Gewand,
wie unsere Mütter sie tragen.
Höre zu, o Mutter,
die Gelben haben ihre gelben Farben geliehen,
die Indianer haben dich
ihren Frauen ähnlich gemacht.
Die Weißen haben dich
als weißes Mädchen dargestellt.
Würdest du dich da weigern,
unsere Farben anzunehmen?
Du hast ja alle Farben,
wie eine Mutter viele Kinder,
in denen du dich findest.
Mutter Gottes der schwarzen Erde,
ja, heute Abend komme ich,
dir ein Lied zu singen.
Gruß dir, Gnadenvolle,
du bist schwarz, du bist schön!

Sei gegrüßt, o Jungfrau rein

Sei gegrüßt, o Jungfrau rein, sei gegrüßt, Maria!
Zu dir steht all Hoffnung mein, zu dir, o Maria!
O Maria, voll der Gnaden,
hilf, dass uns kein Feind mag schaden!
Sei gegrüßt, Maria!

Vor dir weicht des Mondes Glanz, Königin der Ehre,
und der Sonne Strahlenglanz mit dem Sternenheere,
Mutter Christi, hoch erhoben,
will dich lieben, will dich loben!
Sei gegrüßt, Maria!

O Maria, Jungfrau rein, Königin Maria!
Lass uns dir befohlen sein, Helferin Maria!
Bitt, dass uns nach diesem Leben
Gott die Seligkeit mög geben!
Sei gegrüßt Maria!

Köln 1844

Wer wird dich finden?

Adam stieg den Berg der Hochmut empor; der Sohn Gottes wollte in das Tal der Demut hinabsteigen. Er fand in unseren Tagen ein Tal um hinabzusteigen; wo befindet es sich? Nein, nicht in dir, Eva, unglückliche Mutter, nicht in dir! Aber in dir, selige Jungfrau Maria. Sie ist dieses Tal von Hebron aufgrund ihrer Demut und Stärke. Sie ist stark aufgrund ihrer Teilnahme an der Stärke, von der geschrieben steht: „Der Herr ist stark und mächtig." Sie ist diese tüchtige Frau, die Salomo in seinen Sprichwörtern besingt: „Eine tüchtige Frau, wer findet sie?" Eva, obwohl sie ohne Verderblichkeit, Befleckung, Gebrechen und Schmerzen im Paradies erschaffen wurde, offenbarte sich so schwach und gebrechlich! „Wer wird also diese tüchtige Frau finden?" Kann man sie finden auf dieser Erde des Elends, obwohl man es nicht konnte in der Glückseligkeit des Paradieses?
Gott Vater fand diese Frau in unseren Tagen, er hat sie gefunden, um sie zu heiligen; der Sohn fand sie, um in ihr Wohnung zu nehmen; der Heilige Geist hat sie gefunden, um sie zu erleuchten; und der Engel hat sie

gefunden, um sie auf diese Weise zu grüßen: „Gegrüsset seist du, voll der Gnade, der Herr ist mit dir!"
Das ist sie, die starke Frau, in der das Erwägen die Neugierde ersetzt, in der die Demut jede Eitelkeit ausschließt, in der die Jungfräulichkeit von jeder Sinneslust frei ist.

Aelred von Rievaulx

Madonna der Straße

Wir sind verfallen dem Lärm, der Hast:
Madonna der Straße, gib kurze Rast!
Schenk uns ein Besinnen in deiner Hut;
ein Ave Maria gibt neuen Mut.
Wohin geht die Fahrt?
Was ist das Ziel?
Ach Mutter, du weißt:
Wir planen viel.
Wir sind voll Unrast und jagen umher,
dabei wird uns das Herz oft schwer.
Uns drücken Sorgen; uns quält die Schuld.
Erfleh' uns deines Sohnes Huld!
Nun ruft die Pflicht;
Es drängt die Zeit:
Madonna der Straße, gib sichres Geleit!

Unbekannt (an der B55 bei Lennstadt-Oedingen/Westf.)

Gebet für die Fernstehenden

Ich denke an die Menschen,
die das Ave Maria vergessen haben,
die es für lächerlich halten,
dich anzurufen.
Ich denke an die Menschen,
die mit Gleichgultigkeit
und voller Verachtung
auf dein Bild schauen ...
Sind sie unglücklich?
Du bist die Mutter der Unglücklichen.
Sind es Sünder?
Du bist die Zuflucht der Sünder.
Haben sie dem Heil den Rücken gekehrt?
Du bist die Pforte des Himmels!

Dom Hélder Câmara

Magnifikat

Magnifikat

Magnificat anima mea
Dominum,
et exsultavit spiritus
meus in Deo salutari
meo.
Quia respexit humilitatem ancillae suae.

Ecce enim ex hoc
beatam me dicent
omnes generationes.
Quia fecit mihi magna,
qui potens est,
et sanctum nomen eius.
Et misericordia eius a
progenie in progenies
timentibus eum.

Fecit potentiam in brachio suo,
dispersit superbos

Meine Seele preist die
Größe des Herrn,
und mein Geist jubelt
über Gott, meinen Retter.
Denn auf die Niedrigkeit
seiner Magd hat er geschaut.
Siehe, von nun an preisen mich selig alle Geschlechter.
Denn der Mächtige hat
Großes an mir getan,
und sein Name ist heilig.
Er erbarmt sich von Geschlecht zu Geschlecht
über alle, die ihn fürchten.
Er vollbringt mit seinem
Arm machtvolle Taten:
Er zerstreut, die im Her-

mente cordis sui.
Deposuit potentes de sede
et exaltavit humiles.

Esurientes implevit bonis

et divites dimisit inanes.

Suscepit Israel puerum suum,
recordatus misericordiae suae.
Sicut locutus est ad patres nostros,
Abraham et semini eius in saecula.
Gloria Patri et Filio

et Spiritui Sancto,
sicut erat in principio et nunc et semper
et in saecula saeculorum. Amen.

zen voll Hochmut sind.
Er stürzt die Mächtigen vom Thron
und erhöht die Niedrigen.
Die Hungernden beschenkt er mit seinen Gaben
und lässt die Reichen leer ausgehen.
Er nimmt sich seines Knechtes Israel an
und denkt an sein Erbarmen,
das er unseren Vätern verheißen hat,
Abraham und seinen Nachkommen auf ewig.
Ehre sei dem Vater und dem Sohn
und dem Heiligen Geist,
wie im Anfang, so auch jetzt und alle Zeit
und in Ewigkeit.
Amen.

Ein Festtag der Gottesmutter

(...) Ich möchte Sie auf zwei Pfeiler aufmerksam machen, auf denen das Gebet des Magnifikat wie eine große Brücke aufruht.

Der erste Pfeiler: Maria staunt, wie Gott ist.
Gott ist machtvoll, aber er erdrückt nicht mit seiner Macht. Er macht die Kleinen groß und zeigt den Mächtigen ihre Grenzen. Denken wir daran, wie vor Jahren der aufgeblasenen Ideologie des Kommunismus die Luft ausgegangen ist. Nicht Waffen und irdische Machtstrukturen sind entscheidend, sondern Wahrheit und Gerechtigkeit – und noch mehr Liebe und Erbarmen. Nur so lassen sich die Herzen der Menschen gewinnen. Darauf setzt Gott. Er erbarmt sich der Hungernden und zeigt den Reichen, die meinen, alles zu haben, dass sie in Wirklichkeit nichts haben. Er ist ein Gott, der das Leben liebt und jene, die klein und ohne Ansehen sind, nicht abschreibt. Er erbarmt sich auch derer, die nach den Maßstäben dieser Welt nicht mitkommen, Versager sind und an den Rand geschoben werden. Gott bleibt sich treu in seiner Zuwendung zu den Menschen.

So ist Gott – ein Gott des Lebens, der Treue, des Erbarmens, der Liebe. Dieses Wissen um den machtvoll guten Gott soll uns nie verlassen. Das ist die Mitte unseres Glaubens, wie ihn uns Jesus Christus gelehrt hat. Gott ist mehr als ein letztes Prinzip, mehr als eine philosophische Begründung für alles Seiende. Er ist wie ein Liebender, der uns immer tiefer in seine Nähe holen möchte. Verlernt nie, darüber zu staunen, dass Gott so ist, wie er ist!

Der zweite Pfeiler: Maria staunt, wie Gott an ihr handelt.

„Der Mächtige hat Großes an mir getan. Siehe, von nun an preisen mich selig alle Geschlechter!", so betet Maria. Wer so betet, hat ein erstaunliches Selbstbewusstsein! Wir dürfen dabei an die besondere Erwählung Mariens denken, die Mutter des Herrn zu werden. Das ist in der Tat ein einmaliges und besonderes Geschehen. Aber an Maria wird deutlich, was es bedeutet, dass Gott das Niedrige und Geringe erwählt. Er vermag, jeden Menschen zu befähigen, in seinen Heilsplänen eine gewichtige Rolle zu spielen.

So lernen wir beim Beten des Magnifikat: Wie aus Maria kann aus jedem Menschen eine Person werden, die Gottes Gegenwart in die Welt hineinträgt. Es stimmt nicht, dass wir in dieser Welt keine Rolle spielen, unbedeutend und einflusslos sind. Jeder von uns ist für Gott wichtig, ja in einem entscheidenden Sinne unersetzbar. Er soll andere mit Jesus Christus in Berührung bringen, ob hier bei uns in Thüringen oder in Indien oder in einem Land Afrikas. Dort wo du lebst, arbeitest, Freunde hast und mit anderen beisammen bist, da bist du unersetzlich. Da kommt es auf dich an! Da kann kein anderer, kein Bischof oder Pfarrer oder Kaplan dich ersetzen!

Durch die Taufe auf den Namen Jesu Christi und durch unseren Glauben an das Evangelium sind wir Christusträger, Träger einer großen Hoffnung. Gott ist dabei, diese Welt zu verändern. Er will die neue Erde und den neuen Himmel herbeiführen und lädt uns ein, an der Gestaltung dieser neuen Welt mitzuwirken. Der Himmel Gottes fängt schon auf Erden an, dort, wo Menschen anfangen, als Kinder des Vaters im Himmel, als Geschwister Jesu, als seine Familie zu leben. In dieser neuen Art zu leben, ist uns Maria ein Vorbild. Maria ist gleichsam die Seele der Kirche. Sie hat sich von Jesus und seinem Wort bestimmen lassen. Und sie will auch uns zu Jesus führen. Wir sollen lernen, so wie er zu denken, zu leben und zu lieben. Was sie damals bei der Hochzeit zu Kana den Dienern sagte, sagt sie zu jedem von uns: „Was er, Jesus, euch sagt, das tut!“

Joachim Wanke

Gott ist mit dir

Dich, strahlend Reine, Heilge,
dich preist kein Lob genug,
die einst auf Händen
den Herrn des Lebens trug.
Des freun sich alle Wesen,
bewundernd deine Zier;
freu dich, du Gnadenvolle,
freu dich: Gott ist mit dir!

Wir preisen dich, du hehre
Jungfrau voll Herrlichkeit,
wir grüßen mit dem Engel,
mit Gabriel dich heut;
durch deines Schoßes Segen
erlangten Rettung wir,
trat Gott uns wieder nahe;
freu dich: Gott ist mit dir!

Zur Braut hat dich erkoren
der Geist, der alles schafft,
es hat dich überschattet

des Allerhöchsten Kraft;
der ewge Sohn des Vaters
erschien auf Erden hier
und nahm von uns die Sünde;
freu dich: Gott ist mit dir!

O Reis aus Davids Stamme,
die uns den Herrn gebar,
das Wort, das eingeborne,
das stets beim Vater war,
von ewig her verborgen,
der Welt verhüllt auch hier
in der Gestalt des Knechtes;
freu dich: Gott ist mit dir!

Ein reiner, sternenklarer
Himmel ragst du empor,
Sonne der Gerechtigkeit
geht aus dir hervor.
O reinste Gottesmutter:
in unverletzter Zier
gebarst du den Verheißnen;
freu dich: Gott ist mit dir!

Äthiopisches Mariengebet aus dem 15. Jahrhundert

Die Kleinen werden groß

Alle Heiligen des Himmels loben Gott dafür, dass er sie in ihrer Niedrigkeit angesehen hat. So tut es auch die zarte Mutter Christi. Sie belehrt uns durch ihre Worte, wie man Gott erkennen, lieben und loben soll. Wenn sie Gott lobt, dass er sie angesehen hat, obwohl sie niedrig und nichts gewesen sei, muss man annehmen, dass sie arme und geringe Eltern gehabt hat. Ohne Zweifel sind zu Jerusalem die Töchter der obersten Priester und Ratsherren reich, hübsch, jung, gelehrt und bestens versorgt gewesen, angesehen im ganzen Lande wie heutzutage die Töchter der Könige und Fürsten. Auch in Marias Stadt Nazareth ist sie nicht die Tochter des obersten Regenten gewesen, sondern die Tochter eines einfachen Bürgers, eine Tochter, auf die niemand gesehen und auf die niemand geachtet hat. Sie war unter den Nachbarn und ihren Töchtern ein unscheinbares Mädchen, hat auf das Vieh und auf das Hauswesen geachtet, zweifellos nicht mehr als auch sonst eine arme Hausmagd, die das tun muss, was man ihr sagt. Und eben weil sie so unansehnlich war, galt sie bei Gott am meisten, und

Christus kommt und wird von dem armen, geringen Mädchen geboren. Das Reis und die Rose, von der Jesaja prophezeit hatte, wachsen aus einer Person, welche die Töchter der Herren Annas und Kaiphas nicht für würdig gehalten hätten, ihr geringste Mags zu sein. So also gehen die Werke und die Beurteilung Gottes in die Tiefe; die Werke und die Beurteilung der Menschen bleiben an der Oberfläche. Das also ist die Ursache ihres Lobgesangs (des Magnifkats).

Gott wird nicht in seiner Natur von uns Menschen groß gemacht – sie ist ja unwandelbar –, sondern durch unsere Erkenntnis und unsere Empfindung, das heißt, dass wir viel von ihm halten und ihn hochachten nach seiner Güte und Gnade. Darum spricht die heilige Mutter: Meine Seele macht ihn groß, das heißt: mein ganzes Leben, mein Sinn, meine Kraft halten viel von ihm.

Auch sagt Maria nicht: Meine Seele macht sich selber groß und hält viel von mir selber, sondern allezeit macht sie Gott groß, ihm gibt sie es ganz allein, trägt alles hinauf zu Gott, von dem sie es empfangen hat.

Merkst du nicht, ein wie wunderbares Herz das sei? Sie findet sich als Gottesmutter über alle Menschen erhaben und bleibt doch so einfach und gelassen! O wir armen Menschen: Wenn wir etwas Macht und Ehre haben, ja ein wenig hübscher sind als andere, wollen wir uns mit einem Geringeren nicht mehr vergleichen lassen. Was nur wollten wir tun, wenn wir die Güter wie Maria hätten? Darum lässt uns Gott auch arm bleiben! Unsere Stimmung wächst und nimmt ab, je nachdem die Güter zu uns kommen oder von uns gehen. Aber das Herz Mariä steht fest zu aller Zeit, lässt Gott in ihr wirken nach seinem Willen und nimmt für sich selber nicht mehr als einen guten Trost, Freude und Zuversicht in Gott. Genau das sollten auch wir tun; dann würden auch wir richtig Magnifikat singen.

Martin Luther

Salve Regina

Salve Regina

Salve, Regina,
mater misericordiae;

vita, dulcedo et spes nostra, salve.

Ad te clamamus, exsules filii Hevae.
Ad te suspiramus, gementes et flentes in hac lacrimarum valle.
Eia ergo, advocata nostra,
illos tuos misericordes oculos ad nos converte.
Et Jesum, benedictum fructum ventris tui,
nobis post hoc exsilium .

O clemens, o pia, o dulcis Virgo Maria.

Sei gegrüßt, o Königin,
Mutter der Barmherzigkeit;
unser Leben, unsere Wonne und unsere Hoffnung sei gegrüßt!
Zu dir rufen wir verbannte Kinder Evas;
zu dir seufzen wir trauernd und weinend in diesem Tal der Tränen.
Wohlan denn, unsere Fürsprecherin,
wende deine barmherzigen Augen uns zu
und nach diesem Elend zeige uns Jesus, die gebenedeite Frucht deines Leibes!
O gütige, o milde, o süße Jungfrau Maria.

Königin des Himmels

O, meine Herrin, Königin des Himmels, so sehr frohlockt mein Herz darüber, dass der höchste Gott dich als Mutter erwählt hat und dir die höchste Würde schenken wollte.

O Mutter Christi, du hast Freude beschert einer jammervollen Welt. Komm uns zu Hilfe, Jungfrau, Weg zur himmlischen Heimat, Königin mit der Tugendkrone geschmückt. Gottgesegnete Jungfrau, sei uns Schutz wider den bösen Feind. Jungfrau, durch deines Sohnes Kreuz und Leid sei uns Fürsprecherin beim himmlischen Vater. Königin der Engel, führe uns gnädig ein in des himmlischen Reiches Herrlichkeit.

Birgitta von Schweden

Salve! Maria, Königin

Salve! Maria, Königin, Mutter und Helferin, Maria, salve! Du unsres Lebens Freud, Trost in Verlassenheit, Maria, salve!

Dich rufen allzumal in diesem Tränental wir Evas Kinder; weinen so manche Stund, klagen aus Herzensgrund wir armen Sünder.

Maria, hohe Frau, barmherzig auf uns schau, zu uns dich neige. Jesus, den wir gesucht, ihn, deines Leibes Frucht, dereinst uns zeige.

Maria Luise Thurmair nach dem Salve-Regina-Lied
im Rheinfeldischen Gesangbuch 1666

Sagt an, wer ist doch diese

Sagt an, wer ist doch diese, die vor dem Tag aufgeht,
die überm Paradiese, als Morgenröte steht?
Sie kommt hervor aus Fernen, geziert mit Mond und Sternen, im Sonnenglanz erhöht.

Sie ist die edle Rose, ganz schön und auserwählt,
die Magd, die makellose, die sich der Herr vermählt.
O eilet, sie zu schauen, die schönste aller Frauen,
die Freude aller Welt.

Du strahlst im Glanz der Sonne, Maria, hell und rein;
von deinem lieben Sohne kommt all das Leuchten dein.
Durch diesen Glanz der Gnaden sind wir aus Todes Schatten kommen zum wahren Schein.

Johann Khuen

Weihegebet an die Unbefleckte

Nimm gnädig meinen Lobpreis an, o gebenedeite Jungfrau!
Unbefleckte Empfängnis,
Königin des Himmels und der Erde,
Zuflucht der Sünder und innig geliebte Mutter;
der Gott den ganzen Schatz der Barmherzigkeit anvertrauen wollte.
Hier bin ich zu deinen Füßen, ich armer Sünder,
und bitte dich inständig:
Nimm mich ganz an als dein Gut und Eigentum.
Mache mit mir, was dir gefällt,
mit meiner Seele und mit meinem Leib,
mit meinem Leben, meinem Tod und meiner Ewigkeit.
Vor allem verfüge über mich, wie du es wünschst,
damit sich endlich erfülle, was von dir gesagt wird:
„Die Frau wird der Schlange den Kopf zertreten", und:
„Du allein wirst die Irrlehren in der ganzen Welt besiegen."
In deinen ganz reinen Händen, so reich an Barmherzigkeit,
möge ich ein Werkzeug deiner Liebe werden,

das fähig ist, viele laue und vom Weg abgekommene Seelen
neu zu entfachen und zur vollen Freude zu führen.
So möge sich ohne Ende
die Herrschaft des Göttlichen Herzens Jesu ausbreiten.
Wahrhaftig, deine bloße Gegenwart zieht die Gnaden an,
die die Seelen bekehren und heiligen,
da ja die Gnade aus dem Göttlichen Herzen Jesu uns alle überströmt,
indem sie durch deine mütterlichen Hände fließt.

Maximilian Maria Kolbe

Wunderschön prächtige

Wunderschön prächtige, hohe und mächtige,
liebreich holdselige himmlische Frau,
der ich mich ewiglich weihe herzinniglich,
Leib dir und Seele zu eigen vertrau!
Gut, Blut und Leben will ich dir geben;
alles, was immer ich hab, was ich bin,
geb ich mit Freuden, Maria, dir hin.

Sonnenumglänzete, Sternenbekränzete,
Leuchte und Trost auf der nächtlichen Fahrt.
Vor der verderblichen Makel der Sterblichen
hat dich die Allmacht des Vaters bewahrt.
Selige Pforte warst du dem Worte,
als von dem Throne der ewigen Macht
Gnade und Rettung den Menschen gebracht.

Schuldlos Geborene, einzig Erkorene,
du Gottes Tochter und Mutter und Braut,
die aus der Reinen Schar Reinste wie keine war,
die selbst der Herr sich zum Tempel gebaut!
Du Makellose, himmlische Rose,

Krone der Erde, der Himmlischen Zier,
Himmel und Erde, sie huldigen dir!

Du bist die Helferin, du bist die Retterin,
Fürstin des Himmels und Mutter des Herrn!
Spiegel der Reinigkeit, Stärke der Christenheit.
Arche des Bundes, hell leuchtender Stern!
Liebreich dich wende, Frieden uns sende,
Mutter, ach, wende die Augen uns zu,
lehr uns, in Demut wandeln wie du!

Laurentius von Schnüffis (17.Jh.); 4. Str. 19. Jh.

Gegrüßet seist du, Königin

Gegrüßest seist du, Königin, o Maria,
erhabne Frau und Herrscherin, o Maria!
Freut euch, ihr Kerubim, lobsingt, ihr Serafim,
grüßet eure Königin: Salve, salve, salve, Regina!

O Mutter der Barmherzigkeit, o Maria,
du unsres Lebens Süßigkeit, o, Maria.
Freut euch, ihr Kerubim, lobsingt, ihr Serafim,
grüßet eure Königin: Salve, salve, salve, Regina!

Du unsre Hoffnung, sei gegrüßt, o Maria,
die du der Sünder Zuflucht bist, o Maria.
Freut euch, ihr Kerubim, lobsingt, ihr Serafim,
grüßet eure Königin: Salve, salve, salve, Regina!

Wir Kinder Evas schrein zu dir, o Maria,
aus Tod und Elend rufen wir, o Maria.
Freut euch, ihr Kerubim, lobsingt, ihr Serafim,
grüßet eure Königin: Salve, salve, salve, Regina!

O mächtige Fürsprecherin, o Maria,
bei Gott sei unsre Helferin, o Maria.
Freut euch, ihr Kerubim, lobsingt, ihr Serafim,
grüßet eure Königin: Salve, salve, salve, Regina!

Dein mildes Auge zu uns wend, o Maria,
und zeig uns Jesus nach dem End, o Maria.
Freut euch, ihr Kerubim, lobsingt, ihr Serafim,
grüßet eure Königin: Salve, salve, salve, Regina!

Köln 1852 nach dem Salve-Regina-Lied von Johann Georg Seidenbusch 1687

Zur Gottesmutter Maria

Du bist voll der Gnade,
und alle Geschöpfe preisen dich:
die Heerscharen des Himmels
und die ganze Menschheit.
Du bist der Tempel Gottes,
ein geistliches Paradies,
strahlendes Licht der Jungfräulichkeit.
Unser ewiger Gott ist in dir, Maria,
Mensch geworden.
Dein mütterlicher Schoß
wurde zum Thron Gottes,
dein Leib hat ihn über alle Himmel erhoben.
Du bist voll der Gnade,
die gesamte Schöpfung jubelt dir zu:
Ehre sei dir!

Basilius von Cäsarea

Begnadete

Freue dich, du Begnadete,
der Herr ist mit dir,
Freue dich, Begnadete,
du strahlender Himmel.
Freue dich, du Begnadete,
du tugendreiche Jungfrau, du goldenes Gefäß
für das göttliche Manna.
Freue dich, du Begnadete,
du stillst jeden Durst mit dem Wasser
einer unerschöpflichen Quelle.
Freue dich, unbefleckte Mutter,
du hast den geboren,
der vor dir war.
Freue dich, purpurnes Gewand,
du hast den König des Himmels
und der Erde bekleidet.
Freue dich, geheimnisvolles Buch,
du gabst der Welt zu lesen
das göttliche Wort,
den Sohn des Vaters.

Epiphanius

Marienlob

Selig bist du,
denn du hast ihn empfangen.
Selig bist du,
denn du hast ihn geboren.
Selig bist du,
denn du hast ihn genährt, den Allernährer.
Selig bist du, denn in deinem Schoß
hast du den Gewaltigen getragen,
der durch seine Macht die Welt trägt,
den, der alles lenkt und leitet.
Selig bist du,
denn aus deinem Schoß
ging ein Glanz hervor,
der den ganzen Erdkreis überstrahlt
und dein Lob verkündet.

Aus dem Altchristlichen Marienlob

Heiligste Königin

Heiligste Königin, Gottesgebärerin,
Mutter Gottes voll der Gnaden,
von Gott vor allen geliebt und mit Segen überhäuft!
Du bist ganz rein, ganz unbefleckt, ganz unversehrt,
ganz ungeschwächt, ganz untadelig, ganz lobwürdig,
ganz unverletzt.

Du Braut Gottes!
Durch dich sind wir mit ihm versöhnt!
Du unerwartetes und unerhörtes Wunder!
Du unerschöpfliches Meer der göttlichen Gaben und Gnaden!
Du Gipfel der Heiligkeit, höher als alle himmlischen Mächte.
Du Zierde der menschlichen Natur,
nach der Heiligsten Dreifaltigkeit Königin aller Dinge,
nach dem göttlichen Tröster beste Trösterin,
nach dem göttlichen Mittler beste Mittlerin.

Wir haben das größte Vertrauen zu dir,
vertrauenswürdige Jungfrau,

denn vom Mutterschoße an sind wir, o Herrin,
unter deinen Schutz gestellt
und dir geweiht.

Ephräm der Syrer

Rosenkranz

Der Rosenkranz

Mysteria gaudiosa

Iesus, quem Virgo per Spiritum Sanctum concepisti.
Iesus, quem Virgo visitans Elisabeth portasti.
Iesus, quem Virgo peperisti.
Iesus, quem Virgo in templo praesentasti.
Iesus, quem Virgo in templo invenisti.

Die freudenreichen Geheimnisse

Jesus, den du, o Junfrau, vom Heiligen Geist empfangen hast
Jesus, den du, o Jungfrau, zu Elisabet getragen hast
Jesus, den du, o Jungfrau, in Betlehem geboren hast
Jesus, den du, o Jungfrau, im Tempel aufgeopfert hast
Jesus, den du, o Jungfrau, im Tempel wiedergefunden hast

Mysteria luminosa

Iesus, qui apud Iordanem baptizatus est.
Iesus, qui ipsum revelavit apud Canense matrimonium.

Die lichtreichen Geheimnisse

Jesus, der von Johannes getauft worden ist
Jesus, der sich bei der Hochzeit in Kana geoffenbart hat

Iesus, qui Regnum Dei annuntiavit.
Iesus, qui transfiguratus est.
Jesus, qui Echaristiam instituit.

Jesus, der uns das Reich Gottes verkündet hat
Jesus, der auf dem Berg verklärt worden ist
Jesus, der uns die Eucharistie geschenkt hat

Mysteria dolorosa

Iesus, qui nobis sanguinem sudavit.
Jesus, qui pro nobis flagellatus est.
Jesus, qui pro nobis spinis coronatus est.

Iesus, qui pro nobis crucem baiulavit.

Iesus, qui pro nobis crucifixus est.

Die schmerzhaften Geheimnisse

Jesus, der für uns Blut geschwitzt hat
Jesus, der für uns gegeißelt worden ist
Jesus, der für uns mit Dornen gekrönt worden ist
Jesus, der für uns das schwere Kreuz getragen hat
Jesus, der für gekreuzigt worden ist

Mysteria gloriosa

Iesus, qui resurrexit a mortuis.

Jesus, qui in caelum ascendit.

Iesus, qui Spiritum sanctum misit.

Iesus, qui te, o Virgo, in caelum assumpsit,

Iesus, qui te, o Virgo, in caelis coronavit.

Die glorreichen Geheimnisse

Jesus, der von den Toten auferstanden ist

Jesus, der in den Himmel aufgefahren ist

Jesus, der uns den Heiligen Geist gesandt hat

Jesus, der dich, o Jungfrau, in den Himmel aufgenommen hat

Jesus, der dich, o Jungfrau, im Himmel gekrönt hat

Der Rosenkranz der Jungfrau Maria

Der Rosenkranz der Jungfrau Maria (Rosarium Virginis Mariae), der sich allmählich im zweiten Jahrtausend unter dem Wehen des Geistes Gottes entwickelt hat, ist ein durch das Lehramt empfohlenes beliebtes Gebet vieler Heiliger. In seiner Schlichtheit und Tiefe bleibt der Rosenkranz auch in dem soeben begonnenen dritten Jahrtausend ein Gebet von großer Bedeutung und ist dazu bestimmt, Früchte der Heiligkeit hervorzubringen. Dieses Gebet reiht sich gut ein in den geistigen Weg des Christentums, das nach zweitausend Jahren nichts von der Frische des Ursprungs verloren hat und das sich durch den Geist Gottes gedrängt fühlt, „hinauszufahren", um der Welt wieder und wieder Christus zuzurufen, noch mehr ihn „hinauszurufen": Christus, als den Herrn und Erlöser, als „den Weg, die Wahrheit und das Leben" (Joh 14,6), als „das Ziel der menschlichen Geschichte, der Punkt, auf den hin alle Bestrebungen der Geschichte und Kultur konvergieren".

Tatsächlich ist der Rosenkranz, wenn auch von seinem marianischen Erscheinungsbild her charakterisiert, ein zutiefst christologisches Gebet. In der Nüchternheit seiner Teile vereinigt er in sich die Tiefe der ganzen Frohen Botschaft, für die er gleichsam eine Kurzfassung ist. In ihm erklingt das Gebet Marias, ihr unaufhörliches Magnificat durch das Werk der erlösenden Menschwerdung, die in ihrem jungfräulichen Schoß ihren Anfang nahm. Mit dem Rosenkranz geht das christliche Volk in die Schule Mariens, um sich in die Betrachtung der Schönheit des Antlitzes Christi und in die Erfahrung der Tiefe seiner Liebe einführen zu lassen. In der Betrachtung der Rosenkranzgeheimnisse schöpft der Gläubige Gnade in Fülle, die er gleichsam aus den Händen der Mutter des Erlösers selbst erhält. Seit meinen Kinder- und Jugendjahren hat dieses Gebet einen wichtigen Platz in meinem geistlichen Leben eingenommen. Daran habe ich mich während meiner letzten Reise nach Polen erinnert, vor allem beim Besuch des Wallfahrtsortes Kalwaria Zebrzydowska. Das Rosenkranzgebet hat mich in Augenblicken der Freude und der Prüfung begleitet. Viele Sorgen habe ich in dieses Gebet hineingelegt und habe dadurch stets Stärkung und Trost erfahren. Am 29. Oktober 1978, gerade zwei Wochen nach meiner Wahl auf den Stuhl Petri, habe ich mich, gleichsam mein Herz öffnend, wie folgt ausgedrückt: „Der Rosenkranz ist mein Lieblingsgebet. Er ist ein wunderbares Gebet, wunderbar in seiner Schlichtheit und seiner Tiefe. [...] Man kann sagen, der Rosenkranz ist in gewisser Weise ein Gebetskommentar zum letzten Kapitel der Konstitution „Lumen gentium“ des Zweiten Vatikanischen Konzils, dem Kapitel, das von der wunderbaren Gegenwart der Muttergottes im Geheimnis Christi und der Kirche handelt. In der Tat ziehen vor dem Hintergrund der Worte des Ave Maria vor den Augen der Seele die wichtigsten Ereignisse des Lebens Jesu vorbei. Sie bilden zusammen den freudenreichen, schmerzhaften und glorreichen Rosenkranz, der uns – so könnten wir sagen – durch das Herz seiner Mutter in lebendige Verbndung mit Jesus bringt. Gleichzeitig kann unser Herz in die Abfolge dieser Geheimnisse des Rosenkranzes alle Ereignisse einschließen, die das Leben des Einzelnen, der Familie, der Nation, der Kirche und der Menschheit ausmachen; die persönlichen Erfahrungen und die des Nächsten, in besonderer Weise die jener Menschen, die uns am allernächsten stehen, die uns am Herzen liegen. So bekommt das schlichte Gebet des Rosenkranzes den Rhythmus des menschlichen Lebens.“

Zahlreiche Zeichen weisen darauf hin, wie sehr die heilige Jungfrau auch heute gerade durch dieses Gebet jene mütterliche Sorge walten lassen will, welcher der sterbende Erlöser in der Person des Lieblingsjüngers alle Kinder der Kirche anvertraut hat: „Frau, siehe dein Sohn!" (Joh 19,26). Bekannt sind die verschiedenen Umstände im neunzehnten und zwanzigsten Jahrhundert, in denen die Mutter Christi in der einen oder anderen Weise ihre Gegenwart und ihre Stimme vernehmbar gemacht hat, um das Volk Gottes zu dieser Form des betrachtenden Gebetes aufzurufen. Wegen ihres bedeutenden Einflusses auf das Leben vieler Christen und wegen der amtliche Anerkennung, die sie seitens der Kirche erfahren haben, möchte ich besonders an die Erscheinungen in Lourdes und Fatima erinnern. Diese Wallfahrtsorte sind das Ziel zahlreicher Pilger auf der Suche nach Trost und Hoffnung. Gerade aus der Erfahrung Marias ist der Rosenkranz ein ausgesprochen kontemplatives Gebet. Wenn es diese Dimension entbehrt, würde ein entstelltes Gebet entstehen, wie Paul VI. unterstrichen hat: „Ohne Betrachtung ist der Rosenkranz ein Leib ohne Seele, und das Gebet läuft Gefahr, zu einer mechanischen Wiederholung von Formeln zu werden, ganz im Widerspruch zur Mahnung Jesu: „Wenn ihr betet, sollt ihr nicht plappern wie die Heiden, die meinen, sie werden nur erhört, wenn sie viele Worte machen" (Mt 6,7). Seiner Natur nach verlangt das Rosenkranzgebet einen ruhigen Rhythmus und ein besinnliches Verweilen, was dem Betenden die Betrachtung

der Geheimnisse im Leben des Herrn erleichtert und diese gleichsam mit dem Herzen derjenigen schauen lässt, die dem Herrn am nächsten stand. So werden sich ihm die unergründlichen Reichtümer dieser Geheimnisse erschließen.
Der Rosenkranz kann jeden Tag ganz gebetet werden. Nicht wenige tun dies lobenswerterweise. Er dient dazu, den Tageslauf vieler kontemplativer Menschen im Gebet zu erfüllen; ebenso ist er ein Begleiter der kranken und alten Menschen, die ausreichend über Zeit verfügen. Andererseits ist es klar, dass viele Menschen nur einen Teil des Rosenkranzes entsprechend einer bestimmten wöchentllichen Ordnung beten können. Dies gilt umso mehr angesichts der Hinzufüung der neuen lichtreichen Geheimnisse. Diese wöchentliche Einteilung verleiht letztendlich den verschiedenen Tagen der Woche eine gewisse geistliche „Färbung", analog zu den verschiedenen Zeiten des liturgischen Jahres. Nach der üblichen Praxis sind Montag und Donnerstag den freudenreichen Geheimnissen, Dienstag und Freitag den schmerzhaften Rosenkranzgesätzen, sowie Mittwoch, Samstag und Sonntag den glorreichen Geheimnissen gewidmet. Wo sollen nun die „lichtreichen Rosenkranzgeheimnisse" eingefügt werden? Unter der Rücksicht, dass die glorreichen Geheimnisse sich in der Abfolge von Samstag und Sonntag

direkt wiederholen und der Samstag traditionell als ein Tag besonderer Marienverehrung begangen wird, scheint es zweckmäßig, die zweite wöchentliche Betrachtung der freudenreichen Gesätze auf den Samstag zu verschieben, in denen die Gegenwart Marias am stärksten betont ist. So bleibt der Donnerstag für die Betrachtung der lichtreichen Geheimnisse frei.
Liebe Brüder und Schwestern! Ein Gebet, das so einfach und gleichzeitig so reich ist, verdient es wirklich, von der christlichen Gemeinschaft neu entdeckt zu werden.

Johannes Paul II.
Aus dem Apostolischen Schreiben
Rosarium Virginis Mariae

Der Rosenkranz Unserer Lieben Frau

Ein schweres Geschehen geht durch unsere Zeit und erfasst jeden Einzelnen. Das eigene Schicksal sowohl wie das nahestehender Menschen, und über alledem das Schicksal des Ganzen nehmen Geist und Gemüt in Anspruch. Das wirkt sich im religiösen Leben in verschiedener Weise aus. Der eine kommt überhaupt nicht mehr zum Beten, weil er ganz ausgefüllt und erschüttert ist. Er muss sehen, dass er wieder in sich selber Stand findet; er muss neben den lauten auch wieder die stillen Stimmen hören und erkennen, dass Gott immer Gott bleibt, mögen die irdischen Dinge noch so mächtig werden ... Beim anderen geht es umgekehrt, und die Erschütterungen des Daseins rufen das Ewige in ihm an. Er fühlt, dass die Dinge nicht mehr irdisch bewältigt, sondern vor Gott getragen werden müssen, und das umso mehr, je entscheidungsvoller sie sind. So verlangt er nach einem Raum der Stille, in dem er ruhig werden und erstarken kann, um dann mit neuer Zuversicht zu seinen Aufgaben zurückzukehren. Er bedarf eines Gebetes, das ihm die Möglichkeit des Verweilens, der inneren Sammlung und Kräftigung gibt.

Roman Guardini

Der Rosenkranz, das einfachste und tiefste Gebet der Christen

Ich erinnere mich noch gut an eine Begebenheit kurz nach meiner Bischofsweihe im Jahr 1975 in Erfurt. Bei einem Gottesdienst im dortigen Dom wurde ich auf eine Gruppe Gläubiger aufmerksam, die mir sehr weit her zu kommen schienen. In der Tat handelt es sich um russlanddeutsche Katholiken, die seit 35 Jahren zum ersten Mal wieder bei einer Gruppenreise in die DDR eine katholische Kirche erlebt haben. Sie äußerten dabei ihr großes Heimweh nach der Kirche. Und einer der Männer fragte mich, was sie ihren Kindern an Glaubenswahrheit vermitteln müssten, damit sie das ewige Leben erreichten. Eine solche kluge Frage ist mir vorher und danach nie wieder gestellt worden. Auf meine Antwort, dass ich jedem ein Neues Testament und einen katholischen Katechismus gebe, gaben sie mir zur Antwort: „Religiöse Literatur nach Sowjetrussland mitzunehmen, ist schlimmer, als Waffen zu schmuggeln." Daraufhin bot ich ihnen einen Rosenkranz an. Ihre verblüffte Antwort hieß: „Was hat denn das mit unserer Frage nach dem zu tun, was wir unseren Kindern an Glaubenswissen vermitteln müssen, damit sie das ewige Leben erreichen?“ Ich sagte ihnen: „Der Rosenkranz beginnt mit dem Kreuz. Daran beten wir das Glaubensbekenntnis. Das ist unsere ganze Glaubenslehre. Dann kommen die ersten drei kleinen Perlen: Glaube, Hoffnung und Liebe. Das ist unsere Lebenslehre. Und dann sind gleichsam in Geheimschrift die Geheimnisse der Menschwerdung Gottes in Jesus Christus aufgefädelt im freudenreichen Rosenkranz, dann die Geheimnisse seiner Passion im schmerzhaften Rosenkranz.“

Daraufhin nahm der Mann den Rosenkranz in seine Hand und sagte: „Dann habe ich in einer einzigen Hand den gesamten katholischen Glauben!“

Er hatte den gesamten katholischen Glauben in seiner Hand.

Joachim Kardinal Meisner

Beim Beten des Rosenkranzes

Erinnert euch, dass einst, als ihr Kinder wart und der gereizte Vater sich erhob, um euch für böse Taten zu bestrafen, eure Mutter dem zum Schlag erhobenen Arm Einhalt gebot.
In der Heiligen Schrift nun, die uns nicht betrügen kann, zeigt Jesus am Kreuz auf Johannes und sagt zu Maria: „Siehe, dein Sohn!" Deshalb bete ich in meiner Todesstunde, sie möge mir die Verzeihung meiner Sünden erflehen.
Denn als Jesus dieses geheimnisvolle Wort sprach, vermachte er ihr die ganze Menschheit, und eine Mutter, o Herr, ist meine Mutter.
Deshalb, meine Mutter, tritt bitte für mich ein. In der hohlen Hand halte ich meinen Rosenkranz, und seine schwarzen Perlen sind für mich wie Samenkörner, die ich hoffnungsvoll in den unermesslichen Himmel werfe. Bald wird jedes Ave – O Wunder der Wunder! – zu Füßen der Königin des Himmels erblühen. Und der liebliche Duft meines zur Blume gewordenen Gebetes wird sich sanft zur heiligen Jungfrau Maria erheben.

François Coppée

Der Rosenkranz unserer Mutter

Die Natur selbst hat aus dem süßesten aller Namen einer Mutter und aus der mütterlichen Liebe den Urtyp einer zärtlichen und zuvorkommenden Liebe gemacht; auch spürt die fromme Seele – so tief, wie eine Sprache es niemals ausdrücken könnte – wie sehr in Maria die Flamme einer wohlwollenden und tätigen Liebe brennt. Deshalb, weil Maria unsere Mutter ist, nicht nur auf natürlicher Ebene, sondern durch Jesus Christus.

Sie kennt besser als jeder andere und sieht auf das Wundervollste, alles was uns berührt: die Hilfe, die wir im Leben brauchen; die öffentlichen und privaten Gefahren, die uns bedrohen; die Ängste und Leiden, die uns umgeben; vor allem die Schwierigkeit des Kampfes, den wir für das Heil unserer Seele gegen die erbittertsten Feinde austragen. In all diesen und noch anderen Prüfungen hat sie mehr und besser als irgendein anderer die Fähigkeit und das Verlangen, ihren vielgeliebten Kindern Trost, Kraft und Hilfe jeder Art zu spenden.

Wenden wir uns deshalb an Maria, furchtlos und sehnsuchtsvoll; rufen wir sie flehentlich an im Namen ihres mütterlichen Bandes, das sie so eng mit Jesus und mit uns vereint; bitten wir sie mit einer tiefen Frömmigkeit um ihre Hilfe durch das Gebet, das sie uns selbst gelehrt hat und das sie so sehr liebt, dann können wir mit gutem Grund in Sicherheit und Freude unter dem Schutz der besten aller Mütter leben.

Leo XIII.

Engel des Herrn

Der Engel des Herrn

Angelus Domini nuntiavit Mariae et concepit de Spiritu Sancto	Der Engel des Herrn brachte Maria die Botschaft, und sie empfing vom Heiligen Geist.
Ave Maria ...	Gegrüßet seist du, Maria ...
Ecce ancilla Domini. Fiat mihi secundum verbum tuum.	Maria sprach: Siehe, (ich bin) die Magd des Herrn; mir geschehe nach deinem Wort.
Ave Maria ...	Gegrüßet seist du, Maria ...
Et verbum caro factum est et habitavit in nobis.	Und das Wort ist Fleisch geworden und hat unter uns gewohnt.
Ave Maria ...	Gegrüßet seist du, Maria ...
Ora pro nobis, Sancta Dei Genetrix, ut digni efficiamur promissionibus Christi	Bitte für uns, heilige Gottesmutter, (auf) dass wir würdig werden der Verheißungen Christi.

Oremus. Gratiam Tuam, quaesumus, Domine, mentibus nostris in funde, ut, qui angelo nuntiante, Christi, filii Tui, incarnationem cognovimus, per passionem Eius et crucem ad resurrectionis gloriam perducamur.

Per Eundem Christum, Dominum nostrum. Amen.

Lasset uns beten. Allmächtiger Gott, gieße deine Gnade in unsere Herzen ein. Durch die Botschaft des Engels haben wir die Menschwerdung Christi, deines Sohnes, erkannt. Lass uns durch sein Leiden und Kreuz zur Herrlichkeit der Auferstehung gelangen.
Darum bitten wir durch Christus, unsern Herrn. Amen.

Gegrüßt seist du, Maria

Gabriel: „Gegrüßt seist du, Maria,
jungfräuliche Zier!
Du bist voll der Gnaden,
der Herr ist mit dir!
Ein' ganz neue Botschaft,
ein unerhörts Ding,
von der himmlichen Hofstatt
ich Gabriel, bring'."

Maria: „Was sind das für Reden?
Was soll dieses sein?
Wer kommt da getreten
ins Kämmerlein ein?
Die Tür ist versperret,
die Fenster sind zu;
wer ist's, der da störet
die nächtliche Ruh?"

Gabriel: „Erschrick nicht, Maria,
es g'schieht dir kein Leid!
Ich bin ja ein Engel,
verkünd' dir groß' Freud:

dass du sollst empfangen
und tragen ein' Sohn,
nach welchem verlangen
viel tausend Jahr schon."

Maria: „Wann Gott selbst wird kommen
vom himmlischen Thron,
ein' Mutter zu suchen
für sein' lieben Sohn,
so wird er sie finden
im Königspalast;
mein' Armut und Stammeln
taugt nicht solchem Gast."

Gabriel: „Der Reichste aus allen,
der fragt nicht nach Geld;
dein' Tugend und Demut
ihm besser gefällt.
Tu's nur überlassen
dem weisesten Gott!"

Maria: „Ich bin ein' Magd des Herren,
mir g'scheh' nach dein'm Wort."

Aus Oberbayern

Mutter, du Reine

Jeden Tag gibt uns das Gebet des „Engel des Herrn" die Möglichkeit, inmitten unserer Tätigkeiten einige Augenblicke über das Geheimnis der Menschwerdung des Sohnes Gottes nachzudenken. Zu Mittag, wenn wir schon die Mühe der ersten Stunden des Tages spüren, werden unsere Einsatzbereitschaft und unsere Großmut durch die Betrachtung des „Ja" Marias erneuert. Dieses klare und vorbehaltlose „Ja" wurzelt im Geheimnis der Freiheit Marias, einer vollkommenen und unversehrten Freiheit vor Gott, die dank des Vorrechts ihrer unbefleckten Erkenntnis von jeder Verstrickung in die Sünde frei ist.

Dieses der Jungfrau Maria gewährte Vorrecht, welches sie von unserer allgemeinen menschlichen Verfasstheit unterscheidet, entfernt sie nicht von uns, sondern bringt sie uns im Gegenteil näher. Während die Sünde trennt und uns voneinander entfernt, bringt ihre Reinheit Maria unseren Herzen unendlich nahe, indem sie jedem von uns ihre Aufmerksamkeit schenkt und unser wahres Glück wünscht. Ihr könnt es hier in

Lourdes wie in allen Marienwallfahrtsorten beobachten, wie riesige Menschenmengen zu Marias Füßen zusammenströmen, um ihr das anzuvertrauen, was jeder im Innersten trägt und was ihm besonders am Herzen liegt. Das, was viele aus Verlegenheit und Scham manchmal sogar ihren Nächsten nicht anzuvertrauen wagen, bringen sie zu ihr, der ganz Reinen, zu ihrem unbefleckten Herzen: mit Schlichtheit, ohne Getue, in Aufrichtigkeit. Gerade wegen ihrer Reinheit zögert der Mensch nicht, sich vor Maria in seiner Schwachheit zu zeigen, seine Fragen und Zweifel vorzubringen, seine Hoffnungen und geheimsten Wünsche auszusprechen. Die mütterliche Liebe der Jungfrau Maria entwaffnet jede Form von Stolz. Sie macht den Menschen fähig zu erkennen, wer er ist. Sie erweckt in ihm das Verlangen, sich zu bekehren, um Gott die Ehre zu geben.

Maria zeigt uns so die rechte Weise, vor den Herrn hinzutreten. Sie lehrt uns, sich ihm in Aufrichtigkeit und Schlichtheit zu nähern. Dank ihrer entdecken wir, dass der christliche Glaube keine Last ist, sondern gleichsam Flügel verleiht, die uns erlauben, in höchste Höhen zu fliegen, um in den Armen des Herrn Zuflucht zu finden.

Das Leben und der Glaube der Christen offenbaren, dass das Vorrecht der unbefleckten Empfängnis, das Marie verliehen wurde, nicht nur eine persönliche Gnade ist, sondern allen gilt, also eine Gnade ist, die dem gesamten Volk Gottes zuteil wird. In Maria kann die Kirche bereits das betrachten, was zu werden sie berufen ist. In ihr kann jeder Gläubige jetzt schon die endgültige Vollendung seiner persönlichen Berufung schauen. Möge jeder von uns unentwegt Dank sagen für das, was der Herr in seinem Heilsplan durch das Geheimnis Marias offenbaren wollte. In dieses Geheimnis sind wir auf ganz unmittelbare Weise eingeschlossen, denn vom Kreuz herab, dessen wir gerade heute in Verehrung gedenken, wurde uns aus dem Mund Jesu selbst kundgetan, dass seine Mutter unsere Mutter ist. Als Söhne und Töchter Marias können wir aus den Gnadengaben, die ihr geschenkt worden sind, Gewinn zu ziehen, und die unvergleichliche Würde, die ihr das Vorrecht der unbefleckten Empfängnis verleiht, kommt auch uns, ihren Kindern, zu.

Benedikt XVI.

Maria, Mutter des Glaubens

Freudenquell des Lebens

Ich bin es, der Brunnen süßen Wassers, Freudenquell des Lebens und der Welt.
Ich bin's, der Spiegel ungetrübter Reinheit, in dem Gott sich zuerst erkannt; ich war bei ihm, als er den Schöpfungsplan entwarf, unverwandt sah er mich an in seinem Verlangen ohne Ende: Wie sehr erfreute ich seinen Blick, ich junger, frischer Rosengarten! Kommt alle her zu mir, die ihr mich sucht. Ich will, ich kann euch helfen und bin zur Hilfe für euch ausersehen (Ich will, ich kann, ich muoz gewern).
Ich bin's, der lebende Leitstern, den niemand entbehren mag. Mein guter Mut bringt Frucht. Ich bin die Stimme, die der alte Löwe laut werden lässt, um seine Kinder vor des Todes Fluten zu erwecken. Ich bin die Glut, in der der alte Phönix sich verjüngt. Ich bin das Blut des edlen Pelikans und behüte alles wohl. Ich bin ein von Wurzeln reicher Anger, meine Blumen, die sind alle schwanger, ihr duftender Saft quillt goldgelb hervor. Weich breit fließender Strom meine Blumen belebend durchnässt, so dass ihre Knospen bersten.
Ich bin's, der Acker, der den Weizen zeitig hervorbrachte, an dem die Gemeinde nun im Abendmahl

sich stärkt. Ich drosch, ich mahlte, ich buk lind und nicht harte, als ich mit Öl den Teig bestrich. Deshalb ist der Biss so süß und weich. Ich bin's, der Tau, dem sie entwich, die Gottheit, seit Gott sich in mich schlich. Meine Ernte war ganz klar. Er Gott, sie Gott, ich Gott: das verberge ich vor niemandem. Ich bin Vater und Mutter, er ist wahrhaft meine Mutter und Vater zugleich. Ich wartete, ich litt, ich brach den Tod, wie mir aufgetragen war.

Mariengedicht aus dem 14. Jahrhundert

Maria, neue Eva

Maria, die Jungfrau, war gehorsam, indem sie sagte: „Herr, siehe deine Magd, mir geschehe nach deinem Wort." Eva dagegen war ungehorsam: Sie gehorchte nicht, obwohl sie noch Jungfrau war.

So wie also Eva durch ihren Ungehorsam zur Todesursache ihrer selbst und des ganzen Menschengeschlechtes wurde, so wurde Maria gleichfalls durch ihren Gehorsam Ursache des Heiles für sich selbst und das ganze Menschengeschlecht.

Denn das, was gebunden wurde, kann nur gelöst werden, wenn man den Knoten in die entgegengesetzte Richtung öffnet.

So wurde der Knoten von Evas Ungehorsam durch den Gehorsam Mariens gelöst, denn das, was die Jungfrau Eva durch ihre Ungläubigkeit gebunden hat, wurde durch den Glauben Mariens gelöst.

Irenäus

Der süße Namen Mariens

Die Kirche der Gläubigen auf der ganzen Welt verehrt den süßen Namen Mariens. Sagt mir bitte, woher kommen die Seufzer, das Gemurmel, das Auf-die-Knie-Sinken der andächtigen Menge, sobald ein Priester den Namen Mariens erwähnt. Er ist wie eine süße Dattel und süß ist er in uns?

Süß ist das Bild Mariens, das die Künstler so herrlich, mit so viel Eifer und großer Zartheit schaffen, das sie der Schaffung anderer Heiligenbilder vorziehen und das die Gläubigen freudig vor allen anderen verehren. Seht ihr nicht, dass die Kirchen voll sind mit Bildern von Maria? Zeichen dafür, dass alle Herzen voll des frommen Gedenkens an sie sind.

Das sind sie, die süßen Früchte der Palme! Die Datteln, die Maria über die Erde der Sterblichen streut! Von welcher Qualität müssen erst jene sein, die sie oben, unter den Bewohnern der Erde der Lebenden verteilt? Dort, wo wir sie einst sehen werden, nicht mehr in den Gebilden aus Gold oder Elfenbein, nein, sie wird uns gegenüberstehen, in ihrem heiligsten Leib. Dort werden wir mit unseren Augen in ihr Angesicht blicken, das wir so lange auf Erden weinend ersehnten. Dann werden wir uns neben unsere Mutter setzen, die uns heute noch fern ist, und werden dann nicht mehr über sie sprechen, sondern zu ihr. Nie mehr werden wir dann von ihrer herrlichen Gegenwart getrennt sein. Oh!, wann wird das geschehen?

Albert der Große

Königin der Berufung

Obwohl wir in Europa in Demokratien leben und dies auch zu schätzen wissen, können wir ein interessantes Phänomen beobachten, das dem äußeren Anschein nach einen Anachronismus darstellt, sich aber steter Beliebtheit erfreut. Wann immer in den übrig gebliebenen Könighäusern Europas sich etwas ereignet – von der Geburt bis hin zum Todesfall – , dann gilt diesem Ereignis die ganze Aufmerksamkeit des Boulevard. Interessanterweise selbst dann, wenn es sich um ein ganz anderes Land handelt als das, in dem man selbst wohnt. Bei *einem* Ereignis, das sich in Königshäusern abspielt, ist das Interesse der Öffentlichkeit noch einmal stärker als bei allen anderen: wenn der neue König oder gar die Königin gekrönt wird. Das bewegt und fasziniert die Massen.

Die Krönung der Gottesmutter zur Königin der Berufung nimmt zwar nicht die spektakulären Ausmaße einer Königskrönung der europäischen Herrschaftsfamilien an. Sie hat aber erheblich mehr Auswirkungen auf unser Leben, als dies bei den heutigen Königen der

Fall ist, die ja lediglich repräsentieren. Denn die Königin, die wir heute – erneut – krönen, hat ihre Bestimmung nicht darin, huldvoll zu lächeln. Sie hat, wie keine Zweite, ihren Ort in der Heilsgeschichte der Menschheit! Ihre Bedeutung verliert sich nicht im Prunk und Glanz der Königshäuser; ihre Größe kommt nicht von außen, sondern von dem, wozu sie berufen ist, was sie gelebt und gewirkt hat, was sie durch ihr Leben ausgeprägt und gestaltet hat. Maria, die Mutter unseres Herrn, hat ihre Krone erhalten, weil sie offen war für das Wirken Gottes an ihr; weil sie für sein Wort offen war, hat sie der Welt den Erlöser geschenkt. Und deshalb können wir mit Fug und Recht mit der Lesung aus dem Buch des Propheten Ezechiel auch von ihr sagen: „Alle meine Quellen entspringen in dir."

Im Bild, das uns der Prophet Ezechiel vor Augen führt, ist natürlich zunächst die Hoffnung des Volkes Israel auf den Messias beschrieben, der durch sein Auftreten und Wirken das tote Land wieder zum Blühen bringt. Die Sorge und Verzweiflung, der die Israeliten immer wieder ausgesetzt waren, die Vielzahl der Feinde, die sie bedrängten, ließ die Sehnsucht wachsen, dass aus all der Not neues Leben erwachsen und die Dürre durch Fruchtbarkeit und Lebendigkeit überwunden werde. Diese Hoffnung, das war den Menschen klar, konnten sie nicht aus eigener Kraft schaffen, sondern sie konnte nur durch das Wirken Gottes erfüllt werden. Der lebensspendende Strom, von dem Ezechiel berichtet, fließt deshalb aus dem Tempel heraus und macht das dürre Land fruchtbar und das tödliche salzhaltige zum lebensspendenden Wasser. Dieses Bild weist auf Jesus Christus selbst hin, der von Gott kommend unserem Leben Sinn und Strahlkraft gibt, weil er uns befreit und neues Leben und frische Lebendigkeit, ja ewiges Leben schenkt. Und in der Tat: Diese Befreiung können wir uns nicht selbst schenken; diese Verlebendigung, sie geht von der Initiative Gottes aus. Er sendet seinen Sohn, damit wir das Leben haben und nicht mehr zu verzweifeln brauchen angesichts der drängenden Sorgen, die uns umgeben und letztlich im Tod ihren Gipfel finden.

Und doch geht dieses Eingreifen Gottes nicht ohne uns Menschen. Um sein Schöpferwerk zu vollenden, ja zu krönen, will er das Mitwirken der Menschen, gebraucht er in besonderer Weise das Mädchen Maria. Sie ist es, die dem Erlöser, dem König der Welt, das Leben schenkt. Sie ist nicht zu trennen von ihrem Sohn und seinem Heilswirken. Das ist es, was der Gründer unserer Familie, P. Josef Kentenich meint, wenn er von der „unzertrennten Zweieinheit" spricht, die Jesus und Maria verbindet. Beide sind in der Heilsgeschichte miteinander verbunden und deshalb können wir mit Recht sagen, dass Maria durch ihren Sohn in analoger Weise die Quelle ist, aus der dieses Heil strömt. Jesus Christus ist durch Maria Mensch geworden, einer von uns, um uns an seinem Leben teilhaben zu lassen. Jesus und Maria gehören unumstößlich zusammen; und deshalb ist auch ein christlicher Glaube, der meint, ohne Maria auskommen zu können, arm und defizitär. Deshalb ist es auch so, dass wir beinahe wie selbstverständlich tiefer mit Jesus verbunden werden, wenn wir uns Maria anvertrauen, uns, wie es nachher geschehen wird, ihr im Liebesbündnis weihen. Maria öffnet den Blick auf das Eigentliche des Glaubens, auf Jesus Christus, weil sie selbst mit Jesus Christus zum Eigentlichen unseres Glaubens gehört. Maria ist keine Figur, die halt zur schöneren und reicheren Ausgestaltung des christlichen Lebens dazukommen kann, vielleicht im Mai und im Oktober! Maria gehört untrennbar zu Jesus Christus, weil er aus Maria Mensch geworden ist. So gesehen, steht sie auf seiner Seite. Zugleich ist sie als Geschöpf uns Menschen in besonderer Weise nahe und kann deshalb unsere Herzen mütterlich aufschließen, um tiefer zu Christus zu kommen, zur Quelle des Lebens. Dafür können wir nicht dankbar genug sein; und das ist es, was wir heute eigentlich fei-

ern, wenn wir die Gottesmutter erneut krönen: Sie führt uns zur Quelle. Sie ist unser Weg zu Christus.
Unser Vater und Gründer formuliert herausfordernd: „Das ist ja die Tragik der heutigen Zeit, eine furchtbare Tragik: Entweder beten wir die Zweitursache, die Schöpfung, an, oder aber wir übersehen sie, wollen unmittelbar zu Gott" (Vortrag am 31. Mai 1966 in der Krönungskirche an die schwäbische Schönstattfamilie). Im Blick auf Maria überwinden wir dieses mechanistische Bild, hin zu einem organischen Denken, das uns hilft, das Wirken Gottes durch Zweitursachen in der Geschichte und im Leben der Menschen Tag für Tag zu erkennen. Wenn wir heute Maria erneut krönen, dann wissen wir, dass sie ihre Königswürde von Gott her hat. Sie, die von Gott Geschaffene, ist aufgenommen in seine Herrlichkeit und herrscht mit ihm. Sie führt uns selbst näher zu unserem Schöpfer, weil sie sich in unüberbietbarer Weise als Werkzeug Gottes ihm und seinem Wirken geöffnet hat, und damit auch uns für diese Lebenswirklichkeit aufschließt. Eine Wirklichkeit, die beides ernst nimmt: die einzigartige, unüberbietbare Würde und Größe Gottes, aber auch die Größe des Menschen, der auf Gott hinweist, der sich auf den Willen Gottes einlassen und Gottes Partner werden kann.

Robert Zollitsch

Der zärtlichste Blick Gottes

Sie lebt, ohne Aufsehen zu erregen, ohne dass die Welt von ihr spricht, ohne dass selbst Israel an sie denkt, obwohl sie die Blume Israels ist und die erhabenste der Welt. Wenn auch die Erde nicht an sie denkt, der Himmel aber betrachtet und ehrt sie als jene, der Gott das Leben geschenkt hat, um sie eines Tages mit einer neuen Natur zu bekleiden. Und dieser selbe Gott, der aus ihr geboren werden will, liebt sie und betrachtet sie in dieser Eigenschaft. Sein Blick ruht nicht auf den Großen, den Monarchen, die die Welt verehrt, der erste und zärtlichste Blick Gottes auf Erden gilt dieser demütigen Jungfrau, die die Welt nicht kennt.

Kardinal Pierre de Bérulle

Das Schweigen

Josef nimmt teil am Schweigen Mariens wie auch an ihrem Geheimnis, er, dem der Engel so hohe Dinge anvertraute und der das Wunder der jungfräulichen Geburt erlebte. Weder Maria noch Josef sprechen von dem, was sie täglich in ihrem Hause sehen und ziehen keinen Vorteil aus all diesen Wundern. Ebenso demütig wie weise, lässt Maria es zu, dass man sie für eine gewöhnliche Mutter hält und ihren Sohn für die Frucht eines normalen Ehepaares. Die großen Dinge, die Gott in seinen Geschöpfen wirkt, bringen natürlich Schweigen hervor, das Erschrecken über das Göttliche, unterdrückt jede Äußerung. Denn was könnten wir und was könnte Maria sagen, das dem, was sie fühlte, gleichkommt? Deshalb hält man das Geheimnis Gottes versiegelt, außer er selbst löst die Zunge und bringt sie zum Reden. Die menschlichen Vorteile nützen nichts, wenn sie nicht erkannt werden und die Welt sie nicht annimmt.

Jacques-Bénigne Bossuet

Geburt

Ich beschwöre euch, geliebte Brüder, erwägt, wie sehr wir der seligen Mutter Gottes verpflichtet sind und welche Gnadenerweise wir ihr vor Gott schuldig sind, für diese so große Tat.

Denn dieser Leib Christi, den sie in ihrem Schoss empfangen und geboren hat, den sie mit so großer mütterlicher Fürsorge in Windeln gewickelt und an ihrer Brust genährt hat, ist derselbe Leib, den wir vom Altar empfangen; es ist sein Blut, das wir im Sakrament unserer Erlösung trinken. Das ist, was der katholische Glaube festhält und die heilige Kirche lehrt.

Es gibt keine menschlichen Worte, die imstande wären, jene würdig zu ehren, von der der Mittler zwischen Gott und den Menschen Fleisch angenommen hat. Welche Ehren wir auch immer ihr angedeihen lassen, sie sind unter der Würde ihrer Verdienste, denn sie ist es, die in ihrem jungfräulichen Schoß den reinen Leib vorbereitet hat, der die Seelen ernährt.

Petrus Damiani

Das Mysterium Christi

Man kann sagen, so scheint es mir, dass niemand in das Mysterium Christi eingedrungen ist, außer der heiligen Jungfrau Maria.

Der heilige Paulus spricht oft von der Erkenntnis, die ihm gegeben wurde, und dennoch stehen alle Heiligen im Hintergrund angesichts der Klarheit, die Maria erhielt! Sie ist die Unbeschreibliche! Das Geheimnis, das sie im Herzen bewahrte und durchdachte, kann keine Zunge offenbaren, keine Feder wiedergeben.

Diese Mutter der Gnaden wird meine Seele bilden, damit ihre kleine Tochter ein lebendiges, anschauliches Bild ihres Erstgeborenen, Sohn des Ewigen, werde, dessen, der die Herrlichkeit des Vaters in vollkommener Weise verkündete.

Sr. Elisabeth der Heiligen Dreifaltigkeit

Die Hochzeit in Kana

Am dritten Tag fand in Kana in Galiläa eine Hochzeit statt und die Mutter Jesu war dabei.
Auch Jesus und seine Jünger waren zur Hochzeit eingeladen.
Als der Wein ausging, sagte die Mutter Jesu zu ihm: Sie haben keinen Wein mehr.
Jesus erwiderte ihr: Was willst du von mir, Frau? Meine Stunde ist noch nicht gekommen.
Seine Mutter sagte zu den Dienern: Was er euch sagt, das tut!
Es standen dort sechs steinerne Wasserkrüge, wie es der Reinigungsvorschrift der Juden entsprach; jeder fasste ungefähr hundert Liter.
Jesus sagte zu den Dienern: Füllt die Krüge mit Wasser! Und sie füllten sie bis zum Rand.
Er sagte zu ihnen: Schöpft jetzt und bringt es dem, der für das Festmahl verantwortlich ist. Sie brachten es ihm.
Er kostete das Wasser, das zu Wein geworden war. Er wusste nicht, woher der Wein kam, die Diener aber, die das Wasser geschöpft hatten, wussten es.

Da ließ er den Bräutigam rufen und sagte zu ihm: Jeder setzt zuerst den guten Wein vor und erst, wenn die Gäste zu viel getrunken haben, den weniger guten. Du jedoch hast den guten Wein bis jetzt zurückgehalten. So tat Jesus sein erstes Zeichen, in Kana in Galiläa, und offenbarte seine Herrlichkeit und seine Jünger glaubten an ihn.

Johannes 2,1-11

Geh und diene

Wenn es etwas gibt, das wir von Maria lernen können, dann ist es vor allem ihre Liebe. In Kana hat sie immer nur über die Bedürfnisse der anderen gewacht, um sie Jesus mitzuteilen. Geh und diene ohne Verzögerung wie Maria.

Mutter Teresa

Das Hochzeitsfest

Im Evangelium richtet Maria zugunsten von Freunden, die in Verlegenheit sind, eine Bitte an ihren Sohn. Auf den ersten Blick kann dies als ein ganz menschliches Gespräch zwischen Mutter und Sohn erscheinen, und ein Gespräch von tiefster Menschlichkeit ist es ja auch. Aber Maria redet Jesus doch nicht einfach als einen Menschen an, auf dessen Phantasie und Hilfsbereitschaft sie etwa bauen würde. Sie vertraut menschliche Not seiner Macht an – einer Macht, die über menschliches Können und Vermögen hinausgeht. Und so sehen wir sie im Gespräch mit Jesus doch als bittende, als fürbittende Mutter. Es lohnt sich, in dieses Evangelium tiefer hineinzuhören: um Jesus und Maria besser zu verstehen, aber gerade auch, um von Maria das rechte Beten zu erlernen. Maria richtet keine eigentliche Bitte an Jesus; sie sagt ihm nur: „Sie haben keinen Wein mehr" (Joh 2,3). Hochzeiten im Heiligen Land dauerten eine ganze Woche lang; das ganze Dorf war beteiligt, und so wurden große Mengen Weines gebraucht. Nun sind die Brautleute in Verlegenheit, und Maria sagt es Jesus ganz einfach. Sie bittet nicht um irgendetwas Bestimmtes, schon gar nicht darum, dass Jesus seine Macht ausübe, ein Mirakel wirke, Wein produziere. Sie vertraut Jesus nur einfach die Sache an und überlässt es ihm, was er daraufhin tut. So sehen wir in den einfachen Worten der Mutter Jesu zweierlei: einerseits ihre liebevolle Fürsorge für die Menschen, ihre mütterliche Wachheit, mit der sie die Bedrängnis der anderen wahrnimmt; wir sehen ihre herzliche Güte und ihre Hilfsbereitschaft. Zu dieser Mutter pilgern die Menschen seit Generationen hier nach Altötting. Ihr vertrauen wir unsere Sorgen, Nöte und Bedrängnisse an. Die helfende Güte der Mutter, der wir uns anvertrauen – hier sehen wir sie zum ersten Mal in der Heiligen Schrift. Aber zu diesem ersten und uns allen vertrauten Aspekt kommt noch ein zweiter, den wir leicht übersehen: Maria überlässt alles dem Herrn. Sie hat in Nazaret ihren Willen in Gottes Willen hineingegeben: „Siehe, ich bin die Magd des Herrn. Mir geschehe nach deinem Wort" (Lk 1,38). Das ist ihre bleibende Grundhaltung. Und so lehrt sie uns beten: Nicht unseren Willen und unsere Wünsche – so wichtig, so einsichtig sie uns auch sein mögen – Gott gegenüber durchsetzen wollen, sondern sie zu ihm hintragen und ihm überlassen, was er tun wird. Von Maria lernen wir die helfende Güte, aber auch die Demut und die Großzügigkeit, Gottes Willen anzunehmen und ihm zu vertrauen, ihm zu glauben, dass seine Antwort, wie sie auch sein wird, das wahrhaft Gute für uns, für mich ist.

Das Verhalten und die Worte Marias, glaube ich, können wir sehr gut begreifen; umso schwerer fällt es uns, die Antwort Jesu zu verstehen. Schon die Anrede gefällt uns nicht: „Frau“ – warum sagt er nicht: „Mutter“? Nun, diese Anrede drückt die Stellung Marias in der Heilsgeschichte aus. Sie weist voraus auf die Stunde der Kreuzigung, in der Jesus zu ihr sagen wird: „Frau, siehe deinen Sohn – Sohn, siehe deine Mutter.“ Sie weist so voraus auf die Stunde, in der er die Frau, seine Mutter, zur Mutter aller Jünger machen wird. Und sie weist zurück auf den Bericht von der Erschaffung Evas: Adam sah sich als Mensch allein in der Schöpfung bei all ihrem Reichtum. Da wird Eva geschaffen, und nun hat er die Gefährtin gefunden, auf die er wartete und die er mit dem Wort „Frau“ benannte. So steht Maria als die neue, die endgültige Frau im Johannes-Evangelium, als die Gefährtin des Erlösers, als unsere Mutter: Die scheinbar abweisende Anrede drückt die Größe ihrer bleibenden Sendung aus.

Aber noch weniger gefällt uns, was Jesus dann in Kana “ Wörtlich heißt es sogar: „Was habe ich mit dir zu tun,

Frau? Meine Stunde ist noch nicht gekommen." Wir möchten einwenden: Viel hast du zu tun mit ihr. Sie hat dir Fleisch und Blut gegeben, deinen Leib. Und nicht nur den Leib; sie hat dich mit ihrem aus dem Herzen kommenden Ja getragen und dich mit mütterlicher Liebe ins Leben, in die Gemeinschaft des Volkes Israel eingeführt und eingelebt. Wenn wir so mit Jesus reden, sind wir aber schon auf dem Weg, seine Antwort zu verstehen. Denn all das muss uns daran erinnern, dass es bei der Menschwerdung Jesu zwei Dialoge gibt, die zusammengehören und zu einem einzigen ineinander verschmelzen. Da ist zunächst der Dialog, den Maria mit dem Erzengel Gabriel führt und in dem sie sagt: „Mir geschehe nach deinem Wort" (Lk 1,38).

Dazu aber gibt es eine Parallele, sozusagen einen innergöttlichen Dialog, von dem uns der Hebräer-Brief erzählt, wenn er sagt, dass die Worte des Psalms 40 gleichsam zu einem Gespräch zwischen Vater und Sohn geworden sind, in dem sich die Menschwerdung eröffnet. Der ewige Sohn sagt zum Vater: „Opfer und Gaben hast du nicht gewollt, einen Leib hast du mir bereitet ... Siehe, ich komme ... deinen Willen zu tun" (Hebr 10,5-7; Ps 40,6-8). Das Ja des Sohnes, „Ich komme, deinen Willen zu tun", und das Ja Marias, „Mir geschehe nach deinem Wort", – dieses doppelte Ja wird zu einem einzigen Ja, und so wird das Wort Fleisch in Maria. Zu diesem doppelten Ja nimmt der Sohnesgehorsam Leib an; schenkt Maria mit ihrem Ja ihm den Leib. „Frau, was habe ich mit dir zu tun?" Was sie im Tiefsten miteinander zu tun haben, ist dieses zweifache Ja, in dessen Zusammenfallen die Menschwerdung geschehen ist. Auf diesen Punkt ihrer tiefsten Einheit miteinander führt der Herr mit seiner Antwort hin, dorthin verweist er die Mutter. Dort, in dem gemeinsamen Ja zum Willen des Vaters findet sich die Lösung. Und zu diesem Punkt sollen auch wir immer neu hingehen lernen; dort wird Antwort auf unsere Fragen.

Von da aus verstehen wir nun auch den zweiten Satz der Antwort Jesu: „Meine Stunde ist noch nicht gekommen." Jesus handelt nie einfach aus Eigenem; niemals, um nach außen zu gefallen. Er handelt immer vom Vater her, und gerade das eint ihn mit Maria, denn dorthin, in diese Willenseinheit mit dem Vater, wollte auch sie ihre Bitte legen. Deswegen kann sie erstaunlicherweise nach der scheinbar abweisenden Antwort Jesu ganz einfach zu den Dienern sagen: „Was er euch sagt, das tut" (Joh 2,5). Jesus wirkt kein Mirakel, spielt nicht mit seiner Macht in einer eigentlich ganz privaten Angelegenheit. Nein, er wirkt ein Zeichen, mit dem er seine Stunde ankündigt, die Stunde der Hochzeit, die Stunde der Vereinigung zwischen Gott und Mensch. Er „macht" nicht einfach Wein, sondern er verwandelt die menschliche Hochzeit in ein Bild des göttlichen Hochzeitsfestes, zu dem der Vater durch den Sohn einlädt und in dem er die Fülle des Guten schenkt, die in der Fülle des Weines dargestellt ist. Die Hochzeit wird zum Bild jenes Augenblickes, in dem Jesus die Liebe bis zum Äußersten führt, seinen Leib aufreißen lässt und so sich für immer uns schenkt, Einheit mit uns wird – Hochzeit zwischen Gott und Mensch. Die Stunde des Kreuzes, die Stunde, von der das Sakrament kommt, in dem er wirklich sich uns mit Fleisch und Blut gibt, seinen Leib in unsere Hände und unser Herz legt – das ist die Stunde der Hochzeit. Und so wird auf wahrhaft göttliche Weise auch die Not des Augenblicks gelöst und die anfängliche Frage weit überschritten. Jesu Stunde ist noch nicht da, aber im Zeichen der Verwandlung von Wasser in Wein, im Zeichen der festlichen Gabe nimmt er seine Stunde jetzt schon vorweg.

Seine „Stunde" ist das Kreuz. Seine endgültige Stunde ist seine Wiederkunft. Immerfort nimmt er gerade auch diese endgültige Stunde vorweg in der heiligen Eucharistie, in der er immer jetzt schon kommt. Und immer neu tut er es auf die Fürbitte seiner Mutter, auf die Fürbitte der Kirche hin, die in den eucharistischen Gebeten ihn anruft: Komm, Herr Jesu! Im Hochgebet bittet die Kirche ihn immer neu um diese Vorwegnahme der Stunde – darum, dass er jetzt schon komme und sich uns schenke. So wollen wir uns von Maria, von der Gnadenmutter von Altötting, von der Mutter aller Glaubenden auf die Stunde Jesu zuführen lassen. Bitten wir ihn, dass er uns schenkt, ihn immer mehr zu erkennen und zu verstehen. Und lassen wir das Empfangen nicht auf den Augenblick der Kommunion beschränkt sein. Er bleibt da in der heilgen Hostie und wartet immerfort auf uns. Die Anbetung des Herrn in der Eucharistie hat in Altötting in der alten Schatzkammer einen neuen Ort gefunden. Maria und Jesus gehören zusammen. Mit ihr wollen wir im Gespräch mit dem Herrn bleiben und so ihn besser empfangen lernen. Heilige Mutter Gottes, bitte für uns, wie du in Kana für die Brautleute gebeten hast. Führe uns zu Jesus – immer von neuem.

Benedikt XVI.

Mutter Gottes – Mutter der Kirche

Bei dem Kreuz Jesu standen seine Mutter und die Schwester seiner Mutter, Maria, die Frau des Klopas, und Maria von Magdala.
Als Jesus seine Mutter sah und bei ihr den Jünger, den er liebte, sagte er zu seiner Mutter: Frau, siehe, dein Sohn!
Dann sagte er zu dem Jünger: Siehe, deine Mutter! Und von jener Stunde an nahm sie der Jünger zu sich.
Johannes 19,25-27

Wir haben den Abschnitt aus dem Johannesevangelium gehört, der zur Betrachtung des Augenblicks der Erlösung einlädt, in dem Maria, in der Darbringung des Opfers mit dem Sohn verbunden, ihre Mutterschaft auf alle Menschen und insbesondere auf die Jünger Jesu ausgeweitet hat. Privilegierter Zeuge dieses Ereignisses ist Johannes selbst, der Verfasser des Vierten Evangeliums, der als einziger der Apostel zusammen mit der Mutter Jesu und den anderen Frauen auf Golgota blieb. Die Mutterschaft Mariens, die mit dem „fiat" von Nazaret begonnen hat, findet ihre Vollendung unter dem Kreuz. Wenn es wahr ist, dass – wie der hl. Anselm schreibt – „Maria von dem Augenblick an, in dem sie das ‚fiat' gesprochen hatte, uns alle unter ihrem Herzen zu tragen begann", dann begann tatsächlich die Berufung und mütterliche Sendung der Jungfrau gegenüber denen, die an Christus glauben, in dem Moment, als Jesus zu ihr sagte: „Frau, siehe, dein Sohn!" (Joh 19,26). Als der sterbende Christus vom Kreuz herab die Mutter sah und bei ihr den Jünger, den er liebte, erkannte er die Erstlingsfrucht der neuen Familie, die in der Welt ins Leben zu rufen er gekommen war, die Keimzelle der Kirche und der neuen Menschheit. Deshalb wandte er sich an Maria und nannte sie „Frau" und nicht „Mutter"; diese Bezeichnung hingegen gebrauchte er, als er sie dem Jünger anvertraute: „Siehe, deine Mutter!" (Joh 19,27). So vollendete der Sohn Gottes seine Sendung: Geboren von der Jungfrau Maria, hat er wie wir als Mensch gelebt, in allem uns gleich außer der Sünde, und hinterließ im Augenblick seiner Rückkehr zum Vater in der Welt das Sakrament der Einheit der Menschheit (vgl. Dogmatische Konstitution „Lumen gentium", 1): die „in der Einheit des Vaters und des Sohnes und des Heiligen Geistes verbundene" Familie (hl. Cyprianus, De Orat. Dom. 23: PL 4,536), deren ursprünglicher

Kern eben diese neue Verbindung zwischen der Mutter und dem Jünger ist. Auf diese Weise bleiben die göttliche Mutterschaft und die Mutterschaft in bezug auf die Kirche unauflöslich miteinander verbunden.

Benedikt XVI.

Mutter der Gnade

Die Jungfrau Maria hat den ewigen Sohn Gottes nicht bloß empfangen, damit er die menschliche Natur annehme, sondern vor allem, damit er, in ihrem heiligsten Schoß Mensch geworden, der Erlöser der Menschen würde und alle, die an ihn glauben, zu seinem Leib zusammenfüge. Darum darf man Maria mit Recht Mutter Christi und unsere Mutter nennen. Darum tut sie alles, damit Christus, das Haupt des Leibes, der Kirche, uns als seinen Gliedern seine Gnade mitteile, vor allem die Gnade, dass wir ihn erkennen und durch ihn leben.

Pius X.

Ganz schön bist du

Der Herr, der zugegen war als die Seele den Leib Mariens verließ, lobpreist sie auf folgende Weise:

Ganz schön bist du, meine Mutter,
und kein Makel haftet an dir.
Ganz schön bist du:
schön in deinen Gedanken,
schön in deinen Worten.
schön in deinen Taten,
schön von deiner Geburt bis zu deinem Tod,
schön in der jungfräulichen Empfängnis,
schön in der göttlichen Niederkunft,
schön im Purpur meiner Passion
und außergewöhnlich schön
im Glanz meiner Auferstehung.
Erhebe dich also,
meine Freundin, meine Taube,
meine Schöne, meine Makellose
und komm!
Denn schon ist vergangen
der Winter meiner Abwesenheit.

Der Strom deiner Tränen hat aufgehört zu fließen,
er ist versiegt.
Die Rückkehr der Sonne bringt für dich
überirdisch schöne Blumen zum Erblühen.
Deine Stimme, o reinste Taube, wurde vernommen.
Der Zeitpunkt deiner Aufnahme in den Himmel
ist gekommen.

Bernhard von Clairvaux

Voll der Gnade

Gott gibt jedem die Gnade, die er gemäß seiner Erwählung benötigt. Und weil Christus als Mensch dafür bestimmt und erwählt wurde, Sohn Gottes zu sein, ausgestattet mit der heiligmachenden Tugend, wurde ihm eine ausreichend große Fülle von Gnaden verliehen, um alle Menschen, wie uns der heilige Evangelist Johannes sagt, damit zu bereichern: „Aus seiner Fülle haben wir alle empfangen." Und die heilige Jungfrau Maria hat jene Fülle der Gnade erhalten, die sie braucht, um das Geschöpf zu sein, das dem Schöpfer der Gnaden am nächsten steht: um Jenen in ihrem Schoß zu empfangen, der im Vollbesitz aller Gnaden ist; und durch ihre Mutterschaft goss sie die Gnade in gewisser Weise auf alle Menschen aus.

Thomas von Aquin

Gute Mutter Gottes

Ich finde, dass ich glücklicher bin als du.
Denn ich habe dich zur Mutter
Und du hast keine Muttergottes,
die du lieben kannst.
Zwar bist du die Mutter Jesu,
aber diesen Jesus
hast du uns ganz und gar gegeben.
Und er hat am Kreuz dich uns zur Mutter gegeben.
So sind wir reicher als du,
denn wir besitzen Jesus,
und auch du gehörst uns.

Thérèse von Lisieux

Heilige Dreifaltigkeit

Wenn du die Gabe Gottes kennen würdest! Es gibt ein Geschöpf, das diese Gabe Gottes hatte und davon nicht das kleinste Stückchen verlor, ein Geschöpf so rein, so leuchtend, dass sie das Licht selbst zu sein scheint: „Speculum justitiae", ein Geschöpf, dessen Leben so einfach, so in Gott verloren war, dass man darüber fast nichts erzählen kann: „Virgo fidelis", es ist die treue Jungfrau, sie, die „alles in ihrem Herzen bewahrte". Sie war so demütig, so andachtsvoll Gott gegenüber, in der Verborgenheit des Tempels, dass sie das Wohlgefallen der Heiligen Dreifaltigkeit erregte.

Sr. Elisabeth von der Dreifaltigkeit

Ewigkeit

O Liebe der heiligen Jungfrau, deine Vollkommenheit ist zu erhaben; du kannst nicht mehr verbleiben in einem sterblichen Leib; zu heftig sind die Flammen deines Feuers, um von dieser Asche bedeckt zu bleiben. Geh und strahle in der Ewigkeit; strahle vor dem Angesicht Gottes; strecke dich aus in seinem unendlichen Schoß, der allein fähig ist, dich zu umfassen.

Darauf legte die makellose Jungfrau ohne Mühe und Zwang ihre heilige und überglückliche Seele in die Hände ihres Sohnes. Es war nicht nötig, dass sich ihre Liebe durch außergewöhnliche Regungen anstrengte. Wie der leiseste Hauch eine überreiche Frucht vom Baum fallen lässt, so ward diese geweihte Seele gepflückt und auf einmal in den Himmel erhoben. So starb die heilige Jungfrau durch eine göttliche Liebesregung, und durch ein Heer heiliger Wünsche wurde ihre Seele in den Himmel getragen.

Jacques Bénigne Bossuet

Mutter Christi

Ich komme nicht, um zu beten.
Ich habe nichts zu geben und weiß nicht,
um was ich bitten soll.
Ich will dich nur sehen, Mutter.
Dich sehen, vor Glück weinen und wissen,
dass ich dein Kind bin, dass du da bist.
Nur einen Augenblick will ich bei dir sein,
hier sein, wo du bist, Maria.
Denn du bist schön und unbefleckt,
die Frau voll der Gnade,
erschienen aus Gott
im Morgenglanz seiner Herrlichkeit,
unsagbar rein, da du Mutter Jesu Christi bist.
Weil du da bist, für immer da bist,
ganz einfach, weil du Maria bist,
du Mutter Jesu Christi,
danken wir dir.

Paul Claudel

Maria, Mutter der Liebe und Barmherzigkeit

Die Mutter aller Gläubigen

Maria ist eine Liebende. Wie könnte es anders sein? Als Glaubende und im Glauben mit Gottes Gedanken denkend, mit Gottes Willen wollend kann sie nur eine Liebende sein. Wir ahnen es an den leisen Gebärden, von denen uns die Kindheitsgeschichten aus dem Evangelium erzählen. Wir sehen es in der Diskretion, mit der sie in Kana die Not der Brautleute wahrnimmt und zu Jesus trägt. Wir sehen es in der Demut, mit der sie die Zurückstellung in der Zeit des öffentlichen Lebens annimmt – wissend, dass der Sohn nun eine neue Familie gründen muss und dass die Stunde der Mutter erst wieder sein wird im Augenblick des Kreuzes, der ja die wahre Stunde Jesu ist (vgl. Joh 2,4; 13,1). Dann, wenn die Junger geflohen sind, wird sie es sein, die unter dem Kreuz steht (vgl. Joh 19,25-27); und später, in der Stunde von Pfingsten, werden die Jünger sich um sie scharen in der Erwartung des Heiligen Geistes (vgl. Apg 1,14).

Zum Leben der Heiligen gehört nicht bloß ihre irdische Biografie, sondern ihr Leben und Wirken von Gott her nach ihrem Tod. In den Heiligen wird es sichtbar:

Wer zu Gott geht, geht nicht weg von den Menschen, sondern wird ihnen erst wirklich nahe. Nirgends sehen wir das mehr als an Maria. Das Wort des Gekreuzigten an den Jünger, an Johannes, und durch ihn hindurch an alle Jünger Jesu: »Siehe da, deine Mutter« (Joh 19,27), wird durch alle Generationen hindurch immer neu wahr.

Maria ist in der Tat zur Mutter aller Glaubenden geworden. Zu ihrer mütterlichen Güte wie zu ihrer jungfräulichen Reinheit und Schönheit kommen die Menschen aller Zeiten und aller Erdteile in ihren Nöten und ihren Hoffnungen, in ihren Freuden und Leiden, in ihren Einsamkeiten wie in der Gemeinschaft. Und immer erfahren sie das Geschenk ihrer Güte, erfahren sie die unerschöpfliche Liebe, die sie aus dem Grund ihres Herzens austeilt.

Benedikt XVI., Deus caritas est

Heilige Maria, Mutter Gottes,

du hast der Welt
das wahre Licht geschenkt,
Jesus, deinen Sohn – Gottes Sohn.
Du hast dich ganz
dem Ruf Gottes überantwortet
und bist so zum Quell der Güte geworden,
die aus ihm strömt.
Zeige uns Jesus. Führe uns zu ihm.
Lehre uns ihn kennen und ihn lieben,
damit auch wir selbst
wahrhaft Liebende
und Quelle lebendigen Wassers
werden können
inmitten einer dürstenden Welt.

Benedikt XVI., Deus caritas est

Barmherzigkeit

O Maria, meine Liebe,
Denk' ich recht im Herzen dein:
Schwindet alles Schwer' und Trübe;
Und wie heller Morgenschein.
Dringt's durch Lust und ird'schen Schmerz
Leuchtend mir durchs ganze Herz.

Auf des ewgen Bundes Bogen,
Ernst von Glorien umblüht,
Stehst du über Land und Wogen;
Und ein heimlich Sehnen zieht
Alles Leben himmelwärts
An das große Mutterherz.

Wo Verlassne einsam weinen
Sorgenvoll in stiller Nacht,
Dann vor allen lässt du scheinen
Deiner Liebe milde Pracht,
Dass ein tröstend Himmelslicht
In die dunklen Herzen bricht.

Aber wütet wildverkehrter
Sünder frevelhafte Lust:
Da durchschneiden neue Schwerter
Dir die treue Mutterbrust;
Und voll Schmerzen flehst du doch:
Herr! Vergib, o schone noch!

Deinen Jesus in den Armen,
Übern Strom der Zeit gestellt,
Als das himmlische Erbarmen
Hütest du getreu die Welt,
Dass im Sturm, der trübe weht,
Dir keine Kind verloren geht.

Wenn die Menschen mich verlassen
In der letzten stillen Stund',
Lass mich fest das Kreuz umfassen,
Aus dem dunklen Erdengrund
Leite liebreich mich hinaus,
Mutter, in des Vaters Haus!

Joseph von Eichendorff

Der Weg der Nächstenliebe

Anhand des Berichts des Evangelisten Lukas [kann man] im Geiste die Erfahrung Marias nachempfinden ..., die sich von Nazaret in Galiläa auf den Weg machte und in eine Stadt im Bergland von Judäa eilte (vgl. Lk 1,39), wo Elisabet mit ihrem Mann Zacharias lebte.
Was hat Maria, die junge Frau, dazu bewogen, diese Reise zu unternehmen? Was führte sie insbesondere dazu, sich selbst zu vergessen und sich in den ersten drei Monaten ihrer Schwangerschaft in den Dienst ihrer Kusine zu stellen, die ihre Hilfe brauchte. ...
Der Heilige Geist, der den Sohn Gottes in Maria Fleisch annehmen ließ, machte ihr Herz so weit wie das Herz Gottes und führte sie auf den Weg der Nächstenliebe. ...
Jesus begann gerade im Schoß Marias Gestalt anzunehmen, doch sein Geist erfüllte bereits ihr Herz, so dass sich die Mutter sogleich in die Nachfolge ihres göttlichen Sohnes stellte: Auf dem Weg, der von Galiläa nach Judäa führt, drängte Jesus selbst Maria, indem er ihr großherzigen Elan eingab, auf den hilfsbedürftigen Nächsten zuzugehen, den Mut, ihre eigenen be-

rechtigten Bedürfnisse, Schwierigkeiten, Sorgen und Gefahren für ihr eigenes Leben außer Acht zu lassen. ... Wir sehen, wie das Herz Marias von der Gnade des Vaters erfüllt wird, von der Kraft des Heiligen Geistes durchdrungen und im Innersten vom Sohn bewegt wird; wir sehen also ein menschliches Herz, das auf vollkommene Weise in die Dynamik der heiligsten Dreifaltigkeit miteinbezogen ist. Diese Bewegung ist die Nächstenliebe, die in Maria ihre Vollendung findet und Vorbild für die Nächstenliebe der Kirche ist als Ausdruck der trinitarischen Liebe (vgl. Deus caritas est, 19).
Jede Geste wahrer Liebe, auch die kleinste, birgt einen Funken des grenzenlosen Geheimnisses Gottes in sich: Der aufmerksame Blick auf den Bruder, die Nähe zu ihm, die Teilhabe an seiner Not, die Heilung seiner Wunden, die Verantwortung für seine Zukunft, all dies wird bis ins kleinste Detail „theologal", wenn es vom Geist Christi beseelt ist. Maria erwirke uns die Gabe, so lieben zu können, wie sie zu lieben vermochte. ... Und wir beten für alle Christen. ... Möge es ihnen gelingen, durch die Hilfe Marias in der Welt die Dynamik der Nächstenliebe zu verbreiten.

Benedikt XVI., An der Lourdes-Grotte in den Vatikanischen Gärten, 31. Mai 2007

Unendliche Würde

Die Menschheit Christi, weil sie mit Gott vereint ist; die geschaffene Glückseligkeit, weil sie Freude Gottes ist; und die selige Jungfrau Maria, weil sie Mutter Gottes ist, haben eine bestimmte, unendlich Würde (quamdam dignitatem infinitam), abgeleitet vom unendlichem Gut, dass Gott ist. In dieser Hinsicht kann es nichts Besseres geben als sie, wie nichts besser sein kann als Gott.

Thomas von Aquin

O gütige Mutter

Wie glücklich war meine Seele,
o gütige Mutter,
als ich dich selig betrachten durfte!
Wie gerne erinnere ich mich
dieser süßen Momente
unter deinem Blick
voll Güte und Barmherzigkeit für uns.
Ja, zärtliche Mutter,
du hast dich bis zur Erde herabgeneigt,
du wolltest dich gerne dessen bedienen,
was in den Augen der Welt das Demütigste war.

Bernadette Soubirous

Maria, du

Maria, du lebendiger Leiter,
du stehst auf der Erde und reichst bis zum Himmel,
darauf kommt Gott zu den Menschen.
Maria, du Tür, durch die Gott ein- und ausgeht.
Du Muschel, die eine kostbare Perle birgt: Christus.
Du Berg, höher als jeder Gipfel,
aus diesem Gestein ist Christus,
der Eckstein, der eint, was getrennt ist:
Gottheit und Menschheit,
Engel und Menschen, Heiden und Juden.
Du Berg, auf dem Gott sich niederließ.
Du Buch, das der Herr geschrieben hat
in der Sprache Gottes.
Du Baum, der sich nährt vom Wort Gottes
und Frucht bringt vom Heiligen Geist zur rechten Zeit.
Du Tempel Gottes,
geschmückt nicht mit Gold oder Edelsteinen,
sondern mit dem Heiligen Geist
und der unschätzbaren Perle: Christus.

Johannes von Damaskus

Ich in seine Mutter geworden

Soll ich dich Sohn nennen,
spricht Maria zu Jesus,
Bruder, Bräutigam oder Herrn,
dich, der du die Mutter wiedergeboren hast
aus dem Wasser
durch die neue Geburt?

Wahrlich, deine Schwester bin ich,
da unser beider Stammvater David ist.
Deine Mutter bin ich,
da ich dich empfing.
Deine Braut bin ich,
da du mich erkauft hast
mit dem Preis deines Todes
und mich wiedergebären willst
durch deine Taufe.

Es kam der Sohn des Allerhöchsten
und ruhte in meinem Schoß,
und ich bin seine Mutter geworden.
Aus mir geboren,

hat er mich in neuer Geburt wiedergeboren,
da er die Mutter umkleidete
mit neuem Gewand:
Ihr Fleisch hat er sich einverleibt,
und sie hat seinen ihm eigenen
Sonnenglanz angezogen.

Ephräm der Syrer

Deines Sohnes Liebe Glanz

Heute hab ich unterm Kreuz mit dir gestanden
und hab so deutlich wie noch nie empfunden,
dass unterm Kreuz du unsre Mutter worden.
Wie sorgt schon einer irdischen Mutter Treue,
des Sohnes letzten Willen zu erfüllen!
Du aber warst des Herren Magd,
des menschgewordnen Gottes Sein und Leben
war deinem Sein und Leben restlos eingeschrieben.
So hast die Seinen du ins Herz genommen,
und mit dem Herzblut deiner bittern Schmerzen
hast jeder Seele neues Leben du erkauft.
Du kennst uns alle: unsre Wunden,
unsre Schäden,
kennst auch den Himmelsglanz,
den deines Sohnes Liebe
um uns ergießen möchte in der ewgen Klarheit.
So lenkst du sorgsam unsre Schritte.
Kein Preis ist dir zu hoch,
um uns ans Ziel zu führen.
Doch die du auserwählt dir zum Geleite,
dich zu umgeben einst am ewgen Thron,

sie müssen hier mit dir am Kreuze stehn,
sie müssen mit dem Herzblut bittrer Schmerzen
der teuren Seelen Himmelsglanz erkaufen,
die ihnen Gottes Sohn als Erbe anvertraut.

Edith Stein, Sr. Teresia Benedikta vom Kreuz

Heilige Mutter Gottes

Seit jeher besingen die Marienlieder die Gottesmutter mit wunderbaren Bildern. Die Lieder stehen in der Tradition der Lauretanischen Litanei, die um das Jahr 1200 entstanden ist. Beliebt ist das Bild der Blume. Maria ist die Rose ohne Dornen. Die Rose ist bei den Griechen die Blume der Liebe. In Maria sehen wir, wie die Liebe einen Menschen ganz und gar durchdringt. In ihr leuchtet uns Gottes zärtliche und mütterliche Liebe auf. Es ist eine Liebe ohne Dornen, ohne das Leiden, das unsere oft unvollkommene Liebe mit sich bringt. Und Maria ist die Lilie. Lilie ist das Symbol der Reinheit, der Unschuld und der Jungfräulichkeit. Maria ist die reine Magd, die sich ohne Nebenabsichten Gott zur Verfügung stellt.

Wenn wir Maria als Lilie besingen, dann fällt ihr reines Licht auch auf uns. Und wir entdecken in uns das Reine und Lautere, das noch nicht verfälscht ist durch die Sünde. Die Lieder sehen die Schönheit der Schöpfung und die Schönheit Mariens zusammen. In der Schönheit der göttlichen Schöpfung leuchtet der reine und schöne Mensch auf, den Gott geschaffen hat. Wie

der Mensch gedacht war, das sehen wir in Maria. Und so schöpfen wir in Maria Hoffnung auch für uns, dass das Gute und Gutige in uns stärker ist als die Intrigen, die unser Herz auch kennt.
Maria wird als der schönste Stern gepriesen. Sterne bringen Licht in die Nacht. So besingen wir in Maria das Licht, das in Christus unsere Dunkelheit erleuchtet und die Nacht unserer Verzweiflung erhellt.
Maria ist ein Meeresstern. In ihr leuchtet die Hoffnung auf, dass Gott seine schützende und liebende Hand über uns hält in den Bedrohungen unseres Lebens.
Maria wird immer wieder als die Mutter besungen. Viele Menschen haben sich an Maria, die Mutter, gewandt und in ihr mütterliche Liebe erfahren. Es ist ihre Liebe, aber zugleich auch Gottes mütterliche und zärtliche Liebe, die durch Maria für uns aufscheint und um uns einen schützenden und heilenden Raum schafft.

Anselm Grün

Die Lauretanische Litanei

Heilige Maria, bitte für uns.
Heilige Mutter Gottes, bitte für uns.
Heilige Jungfrau, bitte für uns.
Mutter Christi, bitte für uns.
Mutter der Kirche, bitte für uns.
Mutter der göttlichen Gnade, bitte für uns.
Mutter, du Reine, bitte für uns.
Mutter, du Keusche, bitte für uns.
Mutter ohne Makel, bitte für uns.
Mutter, du viel Geliebte, bitte für uns.
Mutter, so wunderbar, bitte für uns.
Mutter des guten Rates, bitte für uns.
Mutter der schönen Liebe, bitte für uns.
Mutter des Schöpfers, bitte für uns.
Mutter des Erlösers, bitte für uns.
Du kluge Jungfrau, bitte für uns.
Jungfrau, von den Völkern gepriesen, bitte für uns.
Jungfrau, mächtig zu helfen, bitte für uns.
Jungfrau voller Güte, bitte für uns.
Jungfrau, du Magd des Herrn, bitte für uns.
Du Spiegel der Gerechtigkeit, bitte für uns.

Du Sitz der Weisheit, bitte für uns.
Du Ursache unserer Freude, bitte für uns.
Du Kelch des Geistes, bitte für uns.
Du kostbarer Kelch, bitte für uns.
Du Kelch der Hingabe, bitte für uns.
Du geheimnisvolle Rose, bitte für uns.
Du starker Turm Davids, bitte für uns.
Du elfenbeinerner Turm, bitte für uns.
Du goldenes Haus, bitte für uns.
Du Bundeslade Gottes, bitte für uns.
Du Pforte des Himmels, bitte für uns.
Du Morgenstern, bitte für uns.
Du Heil der Kranken, bitte für uns.
Du Zuflucht der Sünder, bitte für uns.
Du Trost der Betrübten, bitte für uns.
Du Hilfe der Christen, bitte für uns.
Du Königin der Engel, bitte für uns.
Du Königin der Patriarchen, bitte für uns.
Du Königin der Propheten, bitte für uns.
Du Königin der Apostel, bitte für uns.
Du Königin der Märtyrer, bitte für uns.
Du Königin der Bekenner, bitte für uns.
Du Königin der Jungfrauen, bitte für uns.
Du Königin aller Heiligen, bitte für uns.
Du Königin, ohne Erbschuld empfangen, bitte für uns.

Du Königin, aufgenommen in den Himmel, bitte für uns.
Du Königin vom heiligen Rosenkranz, bitte für uns.
Du Königin der Familie, bitte für uns.
Du Königin des Friedens, bitte für uns.

Olivenbaum der Barmherzigkeit

Ich grüße dich Maria, Mutter Gottes, ich grüße dich Maria, Königin der Herzensgüte, Olivenbaum der Barmherzigkeit, du, durch die die Arznei des Lebens zu uns kam.

Denn durch deinen Sohn wurdest du die wahre Mutter aller Menschen. Nun, um seiner Liebe willen, schenke mir, trotz meiner Unwürdigkeit, deine Mutterliebe. Hilf meinem Glauben, erhalte meinen Glauben, stärke meinen Glauben.

Trage Sorge um mich in diesem Leben, und in der Stunde meines Todes sei meine gütige Mutter. Amen.

Gertrud von Helfta

Ihre Barmherzigkeit

Wenn sich jemand erinnerte, in seinen Nöten zu dir gerufen zu haben, ohne dass du ihn erhört hättest, selige Jungfrau, würden wir nicht mehr von deiner Barmherzigkeit sprechen.
Wir, deine kleinen Diener, beglückwünschen dich für all deine anderen Tugenden, aber für deine Barmherzigkeit beglückwünschen wir uns selbst. Die Jungfräulichkeit preisen wir, die Demut bewundern wir, die Barmherzigkeit aber hat für die Unglücklichen einen süßeren Geschmack. Die Barmherzigkeit umarmen wir mit größerer Zärtlichkeit, an sie erinnern wir uns öfter, wir verlangen sie häufiger.
Für sie, der gesagt wurde: „Fürchte dich nicht Maria, du hast Gnade gefunden, jene Gnade, die du gesucht hast", war es ganz selbstverständlich, für das ganze Menschengeschlecht in Sorge zu sein. Sie ist es, die erreicht hat, dass die ganze Erde erneuert wurde, und die durch ihre Gebete allen Menschen das Heil erwirkte.

Bernhard von Clairvaux

Gebet zu Unserer Lieben Frau der Armen

Jungfrau der Armen,
vor langer Zeit bist du erschienen
an diesem öden und abgeschiedenen Ort,
und hast seit damals nicht aufgehört zu kommen,
du gibst jedem von uns Zeichen,
du rufst uns auf den Weg.
Du lächelst uns an, du sagst nichts,
du gehst vor uns her.
Du führst uns in die Wälder
wo der Wind weht,
wo der Geist weht,
wo das Wasser aus verborgenen Seen sprudelt.
Jungfrau der Armen, wir danken dir,
dass du gekommen bist und immer noch kommst,
um unsere Einsamkeit zu lindern
und uns auf den rechten Weg zu führen,
um unsere Zweifel und Ängste zu zerstreuen
und uns die Seligkeiten zu erschließen.
Jungfrau der Armen,
lehre uns, mehr zu beten,
vorbehaltlos zu glauben,

aus der Tiefe unseres Sumpfes zu schreien,
Arme und Sünder, die wir sind,
Gefangene unserer Bequemlichkeit,
damit wir unsere Türen öffnen,
unsere Grenzen öffnen,
damit wir unsere Herzen öffnen,
dem Aufruf unseres Vaters
und der Not unserer Brüder.

Léon Wuillaume

Maria, Mutter der Hoffnung

Mit Leib und Seele

Manchmal sagt man von einem Menschen: Er (oder sie) ist Lehrer „mit Leib und Seele". Damit soll ausgedrückt werden: Hier ist jemand ganz und mit Begeisterung in seinem Amt engagiert – gleichsam „mit Haut und Haaren" – was in diesem Zusammenhang beinahe das Gleiche meint wie „mit Leib und Seele". Ich freue mich etwa sehr, wenn ich von einem Pfarrer sagen kann: Er ist Pfarrer „mit Leib und Seele". (Gab es da nicht einmal eine Fernsehserie mit diesem Titel?) Oder: Diese Frau ist ganz engagiert als Gemeindereferentin in der Seelsorge am Werk – mit „Leib und Seele"!

Dieser alltägliche Sprachgebrauch führt uns zu dem Festgeheimnis: die Aufnahme Mariens in den Himmel „mit Leib und Seele" – eine Aussage des Glaubens, die sagen will: Maria, die jungfräuliche Mutter des Herrn, die ganz und ohne Vorbehalt dem Werk der Erlösung gedient hat – sie ist auch ganz und gar in das neue Leben hineingerufen worden, zu dem uns allen unser Herr die Tür geöffnet hat. Sie ist ganz bei Gott – mit Leib und Seele („mit Haut und Haar"!), und sie ist dort bei Gott – was sie auch in ihrem irdischen Leben war: Dienerin an unserem Heil, Fürsprecherin für die Menschen bei ihrem Sohn, Helferin der Betrübten und Trösterin in allem Leid, das ihr selbst nicht erspart worden war.

Bleiben wir noch ein wenig bei diesem Gedanken: Mit Leib und Seele bei Gott sein. Was ist damit gemeint, wenn wir das sagen? Ist gemeint: Mit Körper und Seele? Unsere alltägliche Sprache hilft uns, das Wort „Leib" hier weiter zu verstehen. Wenn wir im Glauben bekennen: Maria ist mit Leib und Seele bei Gott, so ist damit etwas anderes gemeint als unser jetziger „Körper", also der nach biologischen Gesetzmäßigkeiten funktionierende Organismus. Die Bestandteile dieses Organismus werden bekanntlich schon während eines längeren Lebens in allen stofflichen Bestandteilen mehrfach völlig ausgewechselt. Im Tod wird dieser Organismus dann endgültig aufgelöst. Aber heißt das, dass auch der Mensch aufgelöst wird? Um eine etwas banale Analogie zu bemühen: Bleibt nicht einer auch dann „Autofahrer", wenn er nach einiger Zeit von einem Renault zu einem VW-Typ wechselt? Oder wenn ein Architekt seine unverwechselbare künstlerische Note einmal in einem Wohnhaus verwirklicht und ein anderes Mal in einem Kirchbau – aber immer so, dass man seine „Handschrift", seinen Stil darin erkennt?

„Leib und Seele" meint den ganzen Menschen – und der ist immer mehr als ein stofflicher Organismus. Es gibt eine Leiblichkeit, die mehr ist als „Körperlichkeit". In diesem irdischen Leben basiert die Leiblichkeit auf Körperlichkeit – aber so dürfen wir einmal kühn fragen – muss das notwendig für jede mögliche Form von Leben gelten, gerade auch für das Leben nach dem Tod, für das österliche Leben bei Gott?
Wir merken ja schon jetzt – etwa, wenn ich das faltige, zerfurchte Gesicht eines alten Menschen anschaue und erkenne, wie sich darin Güte, Weisheit und Menschenfreundlichkeit widerspiegeln – da sehe ich mehr als nur eine bestimmte Form von Haut, Fleisch und Knochen!

Oder was können nicht menschliche Augen zu erkennen geben. In ihnen können sich Freude und Leid, Zufriedenheit oder Unzufriedenheit, Ehrlichkeit oder Verlogenheit eines Menschen offenbaren! Warum sind gerade die Augen eines Kindes so beglückend?
Oder menschliche Hände – sie können als heilend, segnend und Vertrauen erweckend erlebt werden – oder eine Stimme kann wärmend und ermutigend,

oder auch kalt und abweisend klingen. Solche und ähnliche Beobachtungen fallen unter den Begriff „Leib"! Leib meint den in die menschliche Biografie hineingezogenen „Körper", der also vom Charakter und der Lebensgeschichte eines Menschen sichtbar geprägt ist. Mit diesem „Leib" ihres ganzen Lebens ist Maria bei Gott – und mit einem solchen – freilich von aller Sünde geläuterten neuen „Leib" werden auch wir einmal Gott schauen!

Ich ziehe daraus diese Konsequenz:
Was ich während meines Lebens tue, wie ich mich verhalte, worauf ich mich einlasse, wovon ich mich prägen lasse usw., das alles wird mich auch prägen, wenn ich einmal „mit Leib und Seele" bei Gott sein darf, also ganz und gar – im Blick auf meine Sünde und Schuld freilich als einer, der von Gott her Vergebung und erbarmende Heilung erfahren hat. Ein wenig mit Lächeln formuliert: In der Ewigkeit werde ich Mozart an seiner Musik erkennen und mit Johann Sebastian Bach Gott loben können. Das Beste, Größte und Wertvollste, das Menschen je hervorgebracht und geschaffen haben, wird in Gottes Ewigkeit nicht verloren gehen – sondern „aufgehoben" sein in diesem dreifachen (Hegelschen) Sinn: zum einen (1) aufbewahrt, um zu blei-

ben, fortzudauern – aber auch (2) in seiner Mangelhaftigkeit und Begrenztheit aufgehoben, d. h. außer Kraft gesetzt bzw. gereinigt sein – und schließlich (3) aufgehoben sein im Sinn des „Emporhebens", des „Vollendet-Werdens" in Gott, wie es uns auf Erden selbst im geglückten Kunstwerk z. B. nie vollkommen gelingen kann. Zumindest sagen das die Künstler über ihre eigenen Werke!

So ist das Fest der Aufnahme Mariens in den Himmel ein Fest des Trostes. Es ist ein Hinweis auf die noch ausstehende Vollendung unseres Mensch-Seins: Alles, was wir an bewahrenswerter „Frucht" unseres Lebens mit in die Vollendung bringen, wird von Gottes Liebe entgegengenommen und durch sie zur vollen Reife gebracht, gleichsam „emporgehoben" werden.
Das tut gut zu wissen: Die Vollendung unseres Lebens ist mehr als nur das Resultat unseres eigenen Tuns und Wirkens. Das wäre bei den meisten von uns doch recht dürftig und fragmentarisch. Heil und ganz wird unser Leben erst, wenn unser Sehnen in die Erfüllung übergehen wird – in die endgültige geglückte Gestalt, die Gott vor Augen hatte, als er uns schuf! Dazu sind wir berufen – und in dieser Perspektive zu leben ermuntert uns Maria, die Mutter des Herrn und unsere

Schwester im Glauben – die mit „Leib und Seele" geglaubt, gehofft und geliebt hat, und darum „mit Leib und Seele" bei dem ist, der auch uns in unendlicher Liebe schon jetzt an sich zieht und einmal vollenden wird.

Joachim Wanke, Predigt im Erfurter Dom am 15. August 2008

Maria, die Prophetin

Wenn wir unglückseligen Menschen,
beschämt von Geschlecht zu Geschlecht,
zu Fall kommen auf dem Pilgerweg,
rufst du uns zu mit prophetischer Stimme
und richtest uns auf vom schlimmen Sturz.

Lob sei dir, o Maria!

Hildegard von Bingen

Hilfe der Christen

Zu dir, heilige Jungfrau, erhebe ich meine bittenden Hände wie zu einer Quelle der Barmherzigkeit und zu einer Schleuse der Gnaden, indem ich dich mit Beharrlichkeit um deinen Schutz bitte und darum, dich bei deinem anbetungswürdigen Sohn für mich zu verwenden, damit er mir die Gnaden gewährt, die ich brauche, um ein würdiger Diener der Altäre zu werden. Unter deinem Schutz will ich für die Rettung der Seelen arbeiten. Ich vermag nichts, o Mutter der Barmherzigkeit! Ich vermag nichts, das fühle ich; aber du, heilige Jungfrau, kannst alles durch deine Fürbitte, ich lege all mein Vertrauen in dich. Ich weihe, schenke und opfere dir auf meine Person, meine Arbeit und alle Handlungen meines Lebens.

Marcellin Champagnat

Segne du, Maria

Segne du, Maria, segne mich, dein Kind. Dass ich hier den Frieden, dort den Himmel find! Segne all mein Denken, segne all mein Tun, lass in deinem Segen Tag und Nacht mich ruhn!

Segne du, Maria, alle die mir lieb, deinen Muttersegen ihnen täglich gib! Deine Mutterhände breit auf alle aus, segne alle Herzen, segne jedes Haus!

Segne du, Maria, die mir wohlgetan, lass für Ihre Treue sie den Lohn empfan'hn. Was sie mir erwiesen, o vergilt es du, jede Gnadengabe wende ihnen zu.

Segne du, Maria, jeden der da ringt, der in Angst und Schmerzen, dir ein Ave bringt. Reich ihm deine Hände, dass er nicht erliegt, dass er mutig streite, dass er endlich siegt!

Segne du, Maria, unsre letzte Stund! Süße Trostesworte flüstre dann dein Mund. Deine Hand, die linde, drück das Aug uns zu, bleib im Tod und Leben unser Segen du!

Cordula Wöhler

Ewiger Bund mit dir, Maria

O Maria! Maria, Tempel der Dreifaltigkeit, Maria, Herd des göttlichen Feuers, Maria, Mutter der Barmherzigkeit, du hast die Frucht des Lebens getragen; du hast das Menschengeschlecht gerettet, denn mit deinem Fleisch hat Christus uns erkauft. Ja, Christus hat uns durch sein Leiden erkauft und du durch die Schmerzen deiner Seele und deines Leibes. O Maria, ruhiger Ozean, Maria, Quelle des Friedens! Maria, Gefäß der Demut, in dem das Licht der wahren Erkenntnis leuchtete, das dich über dich hinaus erhob. Du hast den himmlischen Vater entzückt, und er hat dich entflammt; er hat dich gefangen in den Banden seiner unaussprechlichen Liebe, und durch diese Erleuchtung, diese Glut deiner Barmherzigkeit, diese Flamme deiner Demut, hast du selbst ihn besiegt und du hast seine Gottheit gezwungen, in dich hinabzusteigen. Seine unendliche Güte zu den Menschen, war überdies deine Komplizin.

O Maria, der allmächtige Gott klopfte an deine Tür und wenn du ihm deinen Willen nicht geöffnet hättest, hätte er die menschliche Natur nicht annehmen können. O meine Seele, sei erfüllt von Bestürzung, dass Gott mit dir einen Pakt geschlossen hat und einen Bund in Maria. Nun musst du verstehen, dass der, der dich ohne dein Zutun geschaffen hat, dich ohne dein Zutun nicht retten kann, da er sich an den Willen Mariens wendet und auf ihre Einwilligung wartet.

O Maria, sei gesegnet unter allen Frauen, während aller Jahrhunderte, da du uns heute deine Substanz gegeben hast. Die Gottheit hat sich durch dich so sehr mit unserer Menschheit vereinigt und sich ihr einverleibt, dass nun nichts mehr sie von ihr trennen kann, nicht einmal der Tod noch unsere Undankbarkeit. Denn wie die Gottheit im Grab mit dem Leib vereint blieb und mit der Seele Jesus Christus im Vorhof des Paradieses und mit seiner Seele und seinem Leib nach seiner Auferstehung, so war unser Bund mit ihr niemals unterbrochen, und er wird es auch in aller Ewigkeit nie sein.

Katharina von Siena

Maria, breit den Mantel aus

Maria, breit den Mantel aus, mach Schirm und Schild für uns daraus; lass uns darunter sicher stehn, bis alle Stürm vorübergehn. Patronin voller Güte, uns allezeit behüte.

Dein Mantel ist sehr weit und breit, er deckt die ganze Christenheit, er deckt die weite, weite Welt, ist aller Zuflucht und Gezelt. Patronin voller Güte, uns allezeit behüte.

Maria, hilf der Christenheit, dein Hilf erzeig uns allezeit; komm uns zu Hilf in allem Streit, verjag die Feind all von uns weit. Patronin voller Güte, uns allezeit behüte.

O Mutter der Barmherzigkeit, den Mantel über uns ausbreit; uns all darunter wohl bewahr zu jeder Zeit in aller Gfahr. Patronin voller Güte, uns allezeit behüte.

Aus Innsbruck

Unbeflecktes Herz

O Maria, unbefleckte Mutter Jesu, meine zärtliche Mutter, Königin des heiligsten Rosenkranzes, um die Welt mit Licht, mit deinen Gnaden und mit deiner Barmherzigkeit zu erfüllen, hast du dich würdig befunden, im verwüsteten Tal von Pompeji Wohnung zu nehmen, richte gnädig deine mitleidigen Augen auf mich und nimm mich an als deinen Diener und dein Kind, das dich liebt und dir zuruft: Mutter der Barmherzigkeit!
Höre auf mein Seufzen: Lass dein unbeflecktes Herz mich den Weg der Reinheit und des Friedens finden. Lass in meinen Ohren die Sanftheit deiner Stimme erklingen, meine liebevolle Mutter, denn deine Worte sind Worte des Lebens. Öffne deine gnadenreichen Hände, komme deinem unwürdigen Diener zu Hilfe und befreie ihn aus den Schlingen seiner Feinde.
Lege mich an die sanften Ketten deiner Krone, mit denen du die hartnäckigsten Herzen an dich ziehst, und nimm mein Herz gefangen, damit es sich nie mehr von dir entferne. O reinste Rose, lass den Duft deines Wohlgeruches mich der Liebe des Paradieses ergeben. Amen.

Bartolo Longo

Maria

Ich sehe dich in tausend Bildern,
Maria, lieblich ausgedrückt,
doch keins von allen kann dich schildern,
wie meine Seele dich erblickt.

Ich weiß nur, dass der Welt Getümmel
seitdem mir wie ein Traum verweht,
und ein unnennbar süßer Himmel
mir ewig im Gemüte steht.

Novalis

Erlösung der Gottesmutter

Wir feiern heute das Fest der Erlösung der Gottesmutter mit Leib und Seele. Unser Leib ist Tempel des Heiligen Geistes und hat von daher auch eine Zukunft im Himmel. Auferstehung ist nicht ein irgendwie geartetes Gedankenspiel. Auferstehung meint nach unserer Überzeugung, als einzelne, unverwechselbare Persönlichkeit, mit Leib und Seele in die Herrlichkeit des Himmels zu gelangen. Es ist ein Privileg des Gottesmutter Maria, dass sie dies jetzt schon erfahren darf. Uns ist dies erst nach der Wiederkunft des Herrn verheißen. Das Hochfest der Aufnahme Mariens in den Himmel ist im Grunde ein Hochfest des Menschen mit Leib und Seele. Wir sind als Ganze von Gott berufen zur Hingabe und Erlösung. Garan dafür ist die Gottesmutter Maria. An ihr ist das Werk der Erlösung bereits vollendet. Sie wird uns helfen, mit Hoffnung in die Zukunft zu schauen. Sie wird uns helfen, beherzt zu unserer Berufung Ja zu sagen, und sie wird uns beistehen, wenn es darum geht, Tag für Tag unsere Hingabe zu erneuern und zu vertiefen.

Dominik Schwaderlapp

Maria, ich nenne dich Schwester

Maria, ich nenne dich Schwester
ich sehe dein junges Gesicht
ich spüre dein Sehnen und Träumen
wir trauen gemeinsam dem Licht
wir tragen gemeinsam das Wort
der Verheißung
wir bringen es zur Welt

Maria, ich nenne dich Schwester
ich sehe dein Frauengesicht
ich spüre dein Fragen und Handeln
wir trauen gemeinsam dem Licht
wir tragen gemeinsam das Wort
der Befreiung
wir bringen es zur Welt

Maria, ich nenne dich Schwester
ich sehe dein müdes Gesicht
ich spüre dein Dienen und Leiden
wir trauen gemeinsam dem Licht
wir tragen gemeinsam den Preis

der Befreiung
wir bringen ihn in die Welt

Maria, ich nenne dich Schwester
ich sehe in deinem Gesicht
die Würde und Hoffnung der Frauen
wir trauen gemeinsam dem Licht
wir tragen gemeinsam das Lied
der Befreiung
wir tragen es in die Welt

Christa Peikert-Flaspöhler

Alles fängt klein an, auch Gott

Ja maria
fang noch einmal an
hier bei uns in …
da brauchst du nicht so weit zu laufen
bis du einen geistesverwandten triffst
fang hier bei uns
noch einmal an …

und darum
werden wir
maria
auf deiner seite sein
denn auch wir
sind schwanger
mit einer neuen welt
laufen wir schwanger

sie hüpft schon vor freude
in uns
maria
die neue welt
wenn wir

von dir hören
maria
hüpft auch in uns
das embryo einer neuen welt
vor freude

eine neue welt
die noch nicht zählt
die als kriminell
als vorwitzig
als störend
abgetan
wird
maria

wir wissen
wie sehr es
eines einzigen geistesverwandten
bedarf
um neues leben
eine neue welt
zu gebären

alles fängt klein an
auch gott

Wilhelm Willms

Unsere Liebe Frau von der Weisheit

Edle Frau des Lichtes und aller Weisheit,
als fahrende Schüler
auf der Suche nach Erkenntnis
ruhen wir bei dir aus,
erschöpft vom langen Marsch,
und empfangen von dir
das Geschenk deiner Zärtlichkeit.
Und du sprichst zu uns:
Verlasst eure Trauerstätten, eure fruchtlosen
Bücher, die sich in Schweigen hüllen.
Ich bin das Haus von Gold,
in dem das Wissen wacht,
und das Buch des Lebens liegt offen
an meiner Schwelle.

Madeleine Delbrêl

Mariengebete

Erhöre unser Gebet

Erhöre unser Gebet,
o heiligste Jungfrau,
gedenke unser.
Breite aus über uns
die Gaben deines Reichtums,
dieses Überflusses der Gnaden,
von dem du ganz erfüllt bist.
Der Engel richtet an dich den Gruß
und nennt dich voll der Gnade,
alle Nationen preisen dich selig,
alle himmlischen Hierarchien loben dich,
und die irdische Kirche betet:
Sei gegrüßt, voll der Gnade,
der Herr ist mit dir,
bitte für uns, o Mutter Gottes,
unsere Frau und unsere Königin.

Anastasius von Alexandrien

Maria steht uns bei

„Der Name der Jungfrau war Maria", heißt es im Evangelium. Wollen wir ein wenig über diesen Namen reden! Wollte man ihn übersetzen, so hieße er in etwa „Stern auf hoher See". Diese Bezeichnung passt gut auf die jungfräuliche Mutter. Sie wird nämlich ganz richtig mit einem Stern verglichen, weil sie – geradeso, wie ein Stern ohne Trübung seinen Strahl aussendet – ohne eigene Beschädigung ihren Sohn geboren hat. Auch verringert ein Sternenstrahl nicht die Leuchtkraft des Sternes selber, ebensowenig, wie der Sohn die Unversehrtheit seiner Mutter verringert hat.
Sie ist jener berühmte „Stern, der aus Jakob aufgeht", wie es der Prophet gesagt hat, dessen Strahl den ganzen Erdkreis erleuchtet, dessen Glanz am Himmel droben die anderen Sterne an Leuchtkraft übertrifft und herunterleuchtet bis ganz in die Tiefe hier unten. Sie macht hell die Länder, sie erwärmt wie ein Gestirn die Herzen, sie pflegt die leuchtenden Tugenden, sie vertreibt die finsteren Vorgehen. Maria ist also der hell leuchtende und überragende Stern auf diesem großen und weiten Meer. Ihre Verdienste leuchten, ihr Beispiel strahlt.

Wenn du den Eindruck hast, in der großen Flut deines Lebens eher zwischen Stürmen und Unwettern umherzutreiben, als über diese Erde zu gehen, dann wende deine Augen nicht ab von der Leuchtkraft dieses Sternes, falls du dich nicht von den Stürmen überschwemmen lassen willst. Wenn sich die Winde der Versuchungen erheben, wenn du hintreibst auf die Klippen der Sorgen, schau hin zum Stern, ruf Maria an! Wenn du umhergeworfen wirst von den Wogen deiner Überheblichkeit, deine Ehrgeizes, deiner Eifersucht, deiner Schmähsucht, schau hin zum Stern, ruf zu Maria! Wenn dein Jähzorn, deine Habgier oder falsche sexuelle Lockungen dein Seelenschifflein ins Wanken bringen, schau hin zu Maria! Wenn du von schrecklichen Verbrechen, die du begangen hast, von einem schlechten Gewissen durcheinandergebracht wirst, Angst hast vor dem schaurigen Gericht, wenn dich bereits der Abgrund der Traurigkeit verschlingen will und du in abgrundtiefe Verzweiflung gerätst, denk an Maria! In Gefahren, in Ängsten, in Unsicherheiten, denk an Maria, ruf zu Maria! Ihr Name soll nicht weichen von deinen Lippen, nicht weichen aus deinem Herzen!

Aber damit du den Beistand ihres Gebetes erreichst, richte dich aus nach ihrem vorbildlichen Lebenswandel! Wenn du ihr folgst, kommst du nicht vom rechten Wege ab. Wenn du sie bittest, musst du nicht verzweifeln. Wenn du an sie denkst, gehst du nicht in die Irre. Wenn sie dich hält, brichst du nicht zusammen. Wenn sie dich schützt, musst du keine Angst haben. Führt sie dich, wirst du nicht müde. Sieht sie dich freundlich an, kommst du ans Ziel. Und so machst du an dir selber die Erfahrung, wie recht es doch im Evangelium heißt: „Der Name der Jungfrau war Maria".

Bernhard von Clairvaux

Litanei zur Frau aus Nazareth

Ehre sei Dir, Gott, unserem Schöpfer.
Hauch uns neues Leben ein, gib uns neuen Sinn.
Ehre sei Dir, Gott, unserem Befreier.
Führe uns auf den Weg der Gerechtigkeit und des Friedens.
Ehre sei Dir, Heiliger Geist.
Heile und wandle uns um, damit wir andere zu einem neuen Leben ermutigen können.

begleite uns

Maria, Quelle des Friedens
Du Vorbild im Mut
Du Vorbild in der Sanftheit
Du Vorbild im Vertrauen
Du Vorbild in der Geduld
Du Vorbild in der Risikobereitschaft
Du Vorbild in der Offenheit
Du Vorbild in der Ausdauer

bitte für uns

Mutter des Befreiers
Mutter der Obdachlosen
Mutter der Sterbenden
Mutter der Gewaltlosen und Friedfertigen
Mutter der politischen Gefangenen
Mutter der wegen ihres Glaubens zum
Tode Verurteilten

führe uns zum Leben

Trost der Betrübten
Schwester aller benachteiligten Frauen
Zeichen des Widerspruchs
Überwinderin aller Fesseln
Du politischer Flüchtling
Du Asylsucherin
Erste Jüngerin Jesu
Teilhaberin an seinem Leiden
Zeugin seiner Auferstehung

ermutige uns

Frau des Erbarmens
Frau des Glaubens
Du kontemplative Frau
Du prophetische Frau

Frau der Weisheit und voll des Verständnisses für andere
Frau, die mit Hoffnung schwanger ging

Maria, Königin des Friedens, Dir vertrauen wir unser Leben an.
Schütze uns vor Krieg, Hass und Unterdrückung.
Lehre uns ein Leben im Frieden.
Zeige uns, wie wir uns und andere zum Frieden erziehen können.
Gib uns gerechtes Handeln ein und lass uns Gottes Schöpfung ehren und bewahren.
Lass den Frieden tief in unserem Herzen und in unserer Welt verwurzelt sein. Amen.

Pax Christi, USA
übersetzt von P. Dr. Hermann Schalück OFM.

An alles denken

Lassen wir uns führen, bleiben wir ruhig, ruhig ... Lassen wir uns von Maria tragen, sie wird an alles denken, sie wird für all unsere Bedürfnisse der Seele und des Leibes Sorge tragen, schenken wir ihr all unsere Schwierigkeiten, jedes Leid und vertrauen wir darauf, dass Maria mehr an uns denkt als wir selbst.

Mutter Teresa

Ja, wir wollen dir,

jungfräuliche Gottesmutter und
unsere geliebte Mutter,
danken für deine Fürbitte für die Kirche.
Du, die du durch das vorbehaltlose
Bekenntnis zum göttlichen Willen
dich mit deiner ganzen Kraft
der Person und dem Wirken deines
Sohnes gewidmet hast,
lehre uns, die Geheimnisse des Lebens Christi
im Herzen zu bewahren und still zu betrachten,
wie du es getan hast.
Amen.

Benedikt XVI., an der römischen Mariensäule, 8. Dezember 2005

Maria, reine Jungfrau

Maria, reine Jungfrau, Mutter des wahren Gottes
und Mutter der Kirche,
du erweist deine Milde und Barmherzigkeit allen,
die um deine Fürbitte flehen.
Wir wollen ganz dein sein
und mit dir den Weg rückhaltloser Treue
zu Christus und seiner Kirche gehen,
auf den du uns mit liebender Hand hinführst.
Du, unsere Hoffnung, lehre uns,
unablässig Christus entgegenzugehen.
Wenn wir fallen, hilf uns aufzustehen
und durch das Bekenntnis unserer Schuld und Sünden
im Sakrament der Buße wieder zu ihm zurückzukehren.
So können wir, heiligste Mutter,
mit einem Gewissen, das im Frieden mit Gott ist,
mit einem Herzen frei von Hass und Bösem
allen die wahre Freude und den wahren Frieden bringen,
der ausgeht von deinem Sohn, unserem Herrn
Jesus Christus.

Papst Johannes Paul II.

Wie schüchtern sind die Rosen

Mutter des Herrn,
wie schüchtern sind die Rosen!
Nicht einmal mit ihrem Duft –
der diskretesten aller Sprachen –
wagten sie es, dir ihre Bitte vorzutragen.
Sie haben es daher mir aufgetragen,
dich am Beginn des dir geweihten Monats –
und während ich mit dir spreche,
erröten sie vor Scham –
um deinen mütterlichen Schutz zu bitten.
Du mögest von Gott
die Auferstehung der Rosen erflehen.
Es fällt ihnen schwer zu glauben,
dass die Schönheit,
die sie auf Erden offenbaren,
fur immer vergehen soll.
Sie versprechen dir, mystische Rose,
dich mit zartem Wohlgeruch zu umgeben,
wohin du dich immer wendest.

Dom Hélder Câmara

Maria, du Schmerzensreiche

Ach neige,
Du Schmerzensreiche,
Dein Antlitz gnädig meiner Not!
Das Schwert im Herzen,
Mit tausend Schmerzen
Blickst auf zu deines Sohnes Tod.
Zum Vater blickst du,
Und Seufzer schickst du
Hinauf um sein' und deine Not.
Hilf! rette mich von Schmach und Tod!
Ach neige,
Du Schmerzensreiche,
Dein Antlitz gnädig meiner Not!

Johann Wolfgang von Goethe, Gebet Gretchens aus „Faust I"

Ganz schön bist du

Ganz schön bist du, o Maria und kein Makel ist an dir.
Wie schön, wie lieblich ist deine unbefleckte Empfängnis!
Komm, komm aus dem Libanon, komm, du wirst gekrönt!
Du schreitest einher wie die glänzende Morgenröte
und bringst die Freuden des Heiles mit dir.
Durch dich ging Christus, die Sonne der Gerechtigkeit
auf, o glänzende Pforte des Lichtes!
Wie die Lilie unter den Dornen, bist du die gesegnete
Jungfrau unter den Jungfrauen.
Dein Gewand leuchtet weiß wie Schnee, dein Antlitz
ist wie die Sonne.
Verschlossener Garten, versiegelter Quell, Mutter Gottes und Paradies der Gnade!
Der Regen hat aufgehört, der Winter ist vergangen und
die Blumen sprießen hervor.
Eine Stimme konnte man auf unserer Erde vernehmen,
Eine ganz zarte Stimme, die Stimme der Turteltaube,
die Stimme der weißen Taube.
Fliege, o wunderschöne, weiße Taube!
Erhebe dich, beeile dich und komm!

Gebet aus dem 14. Jahrhundert

Hilf, Maria, es ist Zeit

Hilf, Maria, es ist Zeit,
hilf, Mutter der Barmherzigkeit!
Du bist mächtig, uns aus Nöten
und Gefahren zu erretten,
denn wo Menschenhilf' gebricht,
mangelt doch die deine nicht.
Nein, du kannst das heiße Flehen
deiner Kinder nicht verschmähen.
Zeige, dass du Mutter bist,
wo die Not am größten ist.
Hilf, Maria, es ist Zeit,
hilf, Mutter der Barmherzigkeit!

Memorare

Gedenke, o gütigste Jungfrau Maria,
wie es noch nie erhört worden ist,
dass jemand,
der zu dir seine Zuflucht genommen,
deine Hilfe angerufen,
um deine Fürbitte gefleht hat,
von dir sei verlassen worden.
Von diesem Vertrauen beseelt,
nehme ich meine Zuflucht zu dir,
o Mutter, Jungfrau der Jungfrauen.
Zu dir komme ich,
vor dir stehe ich armer Sünder.
Mutter des ewigen Wortes,
verschmähe nicht meine Worte,
sondern höre mich gnädig an
und erhöre mich. Amen.

Bernhard von Clairvaux

Bitte an Maria

Heilige Maria, Mutter Gottes,
bewahre mir ein kindliches Herz,
das sich nicht der Trübsal hingibt,
ein großmütiges Herz, das sich verschenkt,
ein liebevoll mitfühlendes Herz,
ein treues und edles Herz,
das keine Wohltat vergisst und keine Bosheit nachträgt.
Gib mir ein freundliches und bescheidenes Herz,
das liebt, ohne Gegenliebe zu fordern,
das freudig in einem anderen Herzen aufgeht
im Angesicht deines göttlichen Sohnes,
ein großes und unbezwingbares Herz,
das durch keine Undankbarkeit verschlossen wird,
das keine Gleichgültigkeit ermatten lässt,
ein Herz, gemartert von der
Herrlichkeit Jesu Christi,
von seiner Liebe versehrt
und dessen Wunde erst im Himmel heilt.

Léonce de Grandmaison

Maria, die Reine

Nun bitten wir die Mutter
und auch der Mutter Kind,
die Reine und den Guten,
dass sie uns Hüter sind.
Ohn' eure starke Hilfe
kann keiner wohlgedeihn,
und wer uns das bestritte,
der muss recht töricht sein.

Walther von der Vogelweide

Das Gebet des heiligen Kasimir

O meine Seele, würdige Maria jeden Tag,
begehe feierlich ihre Feste und rühme ihre herrlichen Tugenden;
betrachte und bewundere ihre Erhabenheit;
verkünde ihre Glückseligkeit sowohl als Mutter als auch als Jungfrau;
ehre sie, damit sie dich von der Last deiner Sünden befreie;
rufe sie an, damit du nicht vom Strom deiner Leidenschaften mitgerissen wirst.
Ich weiß, niemand kann Maria würdig Ehre erweisen;
dennoch ist töricht, wer ihren Ruhm nicht verkündet;
alle Menschen sollen sie lobpreisen und besonders lieben;
und niemals dürfen wir aufhören, sie zu verehren und zu bitten.
O Maria, Ehre und Ruhm aller Frauen,
Du, die Gott über alle Geschöpfe erhob;
O barmherzige Jungfrau, erhöre die Bitten aller, die nicht aufhören, dich zu loben;
läutere die Schuldigen und mache sie aller himmlischen Güter würdig.

Gegrüßet seist du, heilige Jungfrau, durch die die Pforten des Himmels den Elenden geöffnet wurden,
du, die die alte Schlange mit ihrer List niemals verführte;
du Wohltäterin und Trösterin der verzweifelten Seelen,
bewahre uns vor dem Übel, das sich über die Bösen ergießt;
bitte für mich, damit ich mich des ewigen Friedens erfreue
und dass ich nicht das Unheil erleide, ein Raub der Flammen im Feuermeer zu werden.
Bitte, dass ich rein und bescheiden, mild, gütig, enthaltsam, fromm, klug, redlich und ein Feind der Lüge sei;
erlange mir die Sanftheit und die Liebe zur Eintracht und zur Reinheit;
lass mich standhaft und beharrlich auf dem rechten Weg bleiben.

Kasimir von Polen

Hingabe an Maria

Das Leben,
jeder Augenblick,
der Tod, wo wann und wie er mich trifft,
die ganze Ewigkeit,
alles ist dein,
Immaculata.
Nimm alles in deine Hände,
wie es dir gefällt.

Maximilian Maria Kolbe

Behalte mich unter deinem Schutz

Heilige und unbefleckte Jungfrau, meine Mutter, o Maria, zu dir, die du die Mutter unseres Herrn bist und die Zuflucht der Sünder, nehme ich, der Elendste von allen, heute meine Zuflucht.

Ich verehre dich, o hohe Königin und danke dir für alle Gnaden, die du mir bis zum heutigen Tag erwiesen hast, vor allem, dafür, dass du mich vor dem Feuer der Hölle errettet hast, das ich so oft verdient habe.

Ich liebe dich, meine liebenswürdige Herrin und zum Dank für deine Liebe, verpflichte ich mich, dir immer zu dienen und alles daran zu setzen, dass du auch von den anderen geliebt wirst. Ich lege in dich all meine Hoffnung, all mein Heil.

Nimm mich an als deinen Diener und behalte mich unter deinem Schutz, o Mutter der Barmherzigkeit. Und da du so mächtig bist vor Gott, befreie mich vor jeder Versuchung oder gib mir die Kraft, sie bis zum Tod zu besiegen.

O meine Mutter, durch die Liebe, die du Gott entgegenbringst, bitte ich dich, mir immer beizustehen, vor allem am Ende meines Lebens. Verlasse mich nicht, bis zu jenem Tag, an dem du mich in Sicherheit im Himmel siehst, damit beschäftigt, dich zu segnen und in alle Ewigkeit deine Barmherzigkeit zu preisen.

Alfons Maria von Liguori

Heilige Gottesmutter

Unter deinen Schutz und Schirm fliehen wir,
heilige Gottesmutter.
Verschmähe nicht unser Gebet in unseren Nöten,
sondern errette uns jederzeit aus allen Gefahren,
o du glorwürdige und gebenedeite Jungfrau,
unsere Frau, unsere Mittlerin,
unsere Fürsprecherin.
Führe uns zu deinem Sohne,
empfiehl uns deinem Sohne,
stelle uns vor deinem Sohne.

Heilige Jungfrau

meine Führerin und meine Herrscherin,
ich werfe mich in die Tiefe Deiner Barmherzigkeit
und stelle von diesem Augenblick an und für immer,
meine Seele und meinen Leib unter Deinen Schirm
und Deinen besonderen Schutz.
ich vertraue Dir an und lege in Deine Hände
all meine Hoffnung und meinen Trost,
all mein Leiden und mein Elend,
sowie den Verlauf und das Ende meines Lebens,
damit, durch Deine Fürbitte und Deine Verdienste,
alle meine Werke nach deinem Willen getan werden
und in der Absicht, deinem göttlichen Sohn zu gefal-
len

Aloysius von Gonzaga

Quellenverzeichnis:

Dom Hélder Câmara, Mutter des Herrn, wie schüchtern sind die Rosen! Erschienen in: Maria – Eine Mutter auf meinem Weg, 1985, S. 37 © Verlag Neue Stadt, München.

Paul Claudel, Mutter Christi. Erschienen in: Poèmes de guerre, Nouvelles Revue française 1915.

P. Franz Courth, Sei gegrüßt, du unversehrte Mutter. Erschienen in: Maria. Der liturgische Wochenkalender 2006, St. Benno-Verlag GmbH, Leipzig. © Pater Franz Courth SAC, Provinzialat der Pallottiner, Friedberg

Madeleine Delbrêl, Unsere liebe Frau von der Weisheit. Erschienen in: Maria – Mutter einer missionarischen Kirche. Beten mit Madeleine Delbrêl. © Paqué – Druck und Verlag GmbH, Ramstein 2005

Alfred Delp, Die gesegnete Frau. Erschienen in: Gesammelte Schriften Bd. 4. Hrsg. von Roman Bleistein, S. 153f. © Verlag Josef Knecht, Frankfurt am Main, 2. Auflage 1985

Friedrich Dörr, Maria, dich lieben ist allzeit mein Sinn. © Friedrich Dörr 1972 Rechtenachfolge.

P. Anselm Grün, Heilige Mutter Gottes und Maria, Mutter Gottes. Erschienen in: Maria – Worte des Herzen. St. Benno-Verlag GmbH, Leipzig. Rechte beim Autor.

Romano Guardini, Der Rosenkranz unserer lieben Frau. 6. Taschenbuchauflage 2003, S. 13. Matthias-Grünewald-Verlag, Mainz. Alle Autorenrechte liegen bei der Katholischen Akademie in Bayern.

Heiner Koch, Gedanken zum Ave Maria. Erschienen in: Was er euch sagt, das tut. Ein Gebetbuch zum Rosenkranz. Gegeben zur Vollendung des 70. Lebensjahres von Joachim Kardinal Meisner. Rechte beim Autor.

Carlo Maria Martini, Mutter Christi. Erschienen in: Marias Lobgesang. Besinnung auf das Magnifikat, 2008, S. 46 © Verlag Neue Stadt, München.

Joachim Meisner, Der Rosenkranz, das einfachste und tiefste Gebet des Christen. Erschienen in: Der Rosenkranz. St. Benno-Verlag GmbH, Leipzig. Rechte beim Autor.

Joachim Meisner, Predigt von Joachim Kardinal Meisner während des Hochfestes der Aufnahme Mariens in den Himmel in Svata-Hora/Tschechien. Rechte beim Autor.

Christa Peikert-Flaspöhler, Maria, ich nenne dich Schwester. Aus dies.: Im Leben such ich dich, Maria. Gedichte, Gebete, Betrachtungen, Topos plus 426, © Lahn-Verlag, S. 101, www.bube.de.

P. Hermann Schalück, Litanei zur Frau aus Nazareth. Erschienen in: Maria, Gebete und Impulse zu Marienfeiern. Tyrolia Verlag, Innsbruck/Österreich 2002. Rechte beim Autor.

Dominik Schwaderlapp, Predigt zu Mariae Aufnahme in den Himmel, Neviges 2004. Rechte beim Autor.

Maria Luise Thurmair, Salve! Maria, Königin. © Christophorus Verlag, Freiburg.

Maria Luise Thurmair, Maria, Mutter unsres Herrn. © Verlag Herder, Freiburg.

Joachim Wanke, Mit Leib und Seele, Predigt zu Maria Himmelfahrt 2008 im Erfurter Dom. Rechte beim Autor.

Joachim Wanke, Ein Festtag der Gottesmutter, Predigt zu Maria Himmelfahrt 2005 im Erfurter Dom. Rechte beim Autor.

Wilhelm Willms, Alles fängt klein an, auch Gott. Aus ders.: roter faden glück. lichtblicke. © 1974 Butzon & Bercker GmbH, Kevelaer, 5. Aufl. 1988, 6, www.bube.de.

Wir danken allen Inhabern von Textrechten für die Abdruckerlaubnis. Der Verlag hat sich bemüht, alle Rechteinhaber in Erfahrung zu bringen. Für zusätzliche Hinweise sind wir dankbar.